David Dewulf

Achtsamkeit
Der Weg zu innerer Freiheit

David Dewulf

Achtsamkeit
Der Weg zu innerer Freiheit

Übersetzt von Claudia Seele-Nyima

Arbor Verlag
Freiamt im Schwarzwald

© 2007 by Acco (Academische Coöperatieve Vennootschap cvba), Leuven (België)
© 2009 der deutschen Ausgabe: Arbor Verlag GmbH, Freiamt,
Die Originalausgabe erschien unter dem Titel:
Mindfulness, een pad van vrijheid

Alle Rechte vorbehalten

1. Auflage 2009

Titelbild und Illustrationen im Innenteil: © 2007 Huguette Declercq
Lektorat: Dr. Richard Reschika
Gestaltung: Sandy Riemer
Druck und Bindung: Kösel, Krugzell

Dieses Buch wurde auf 100% Altpapier gedruckt und ist alterungsbeständig.
Weitere Informationen über unser Umweltengagement
finden Sie unter www.arbor-verlag.de/umwelt.

www.arbor-verlag.de

ISBN 978-3-936855-90-6

Inhalt

Ein Wort vorab

Achtsamkeit hat meinem Leben einen tieferen Sinn verliehen. Als Kind versetzte mich die tiefe, heitere Gelassenheit meditierender Mönche, die ich im Fernsehen sah, in Erstaunen. Sie berührte eine verborgene Dimension in mir.

Viele Jahre vergingen, bevor ich direkt mit Meditation und Achtsamkeit in Kontakt kam. Zunächst ergab es sich, dass ich als Teenager Kriya Yoga, Taoismus und T'ai Chi kennenlernte und mich näher damit beschäftigte.

Nach Abschluss meiner Promotion in Medizin konnte ich mich ganz dem Studium des Bewusstseins, der Meditation und der Spiritualität widmen. Viele Jahre lang bin ich um die Welt gereist. Ich war in allen Kontinenten und habe ein Dutzend Traditionen studiert.

Dann kam der Tag, an dem mir klar wurde, dass vieles von meinem erworbenen Wissen mich daran hinderte, das Leben voll und ganz zu erfahren – ich hatte das Wesen der Achtsamkeit entdeckt.

Dieses Buch beruht auf meinen jahrelangen Erfahrungen mit dem klinischen Achtsamkeitsprogramm MBSR und MBCT. Die Abkürzungen stehen für „Mindfulness Based Stress Reduction", deutsch „Stressbewältigung durch Achtsamkeit" bzw. „Achtsamkeitsbasierte Stressreduktion", und „Mindfulness Based Cognitive Therapy", „Achtsamkeitsbasierte Kognitive Therapie". Diese jeweils achtwöchigen Programme verbinden östliche Weisheit mit westlicher Psychologie. Etliche wissenschaftliche

Studien haben gezeigt, wie wirksam die Achtsamkeit innerhalb dieses Programms bei der Behandlung von Stress, Furcht, psychosomatischen Störungen, Schmerz und bei der Depressionsprävention ist.

Das vorliegende Buch präsentiert die Achtsamkeit in einer weiter gefassten Struktur. Diese Struktur bildet den Rahmen, in dem sie während der vergangenen 2500 Jahre blühte. Es werden Übungen und praktische Erkenntnisse dargelegt, die ihren Ursprung in uralten Traditionen haben. Auch andere Blickwinkel – die der Kognitiven Psychologie, der Positiven Psychologie und der Körper/Geist-Medizin – kommen zur Sprache.

Die Einladung dieses Buches

Eine Handvoll Erfahrung ist mehr als eine Tonne Wissen

Sie können dieses Buch auf verschiedene Weise lesen. Es ist möglich, einfach irgendwo in der Mitte zu beginnen oder der Struktur von Anfang an zu folgen. Erfahren Sie selbst, ob Sie in dieses Experiment mit einem offenen, forschenden Geist einzutauchen vermögen, wie in diesem Buch dargestellt. Sie werden Praktiken des Reflektierens und der Meditation kennenlernen. Die Erfahrung, die diese Übungen Ihnen vermittelt, wird es Ihnen ermöglichen, dieses Buch nicht nur mit dem Intellekt, sondern mit einer umfassenderen Intelligenz zu durchdringen.

Die *Reflexionen* und Fragen sind eine Einladung, das Gelesene in das eigene Leben einzubringen. Sie unterstützen Sie dabei, Ihre Aufmerksamkeit auf neue Möglichkeiten hin auszurichten, sind jedoch nicht dafür gedacht, sich den Kopf darüber zu zerbrechen. Lassen Sie sie im meditativen Gewahrsein ruhen. Erlauben Sie der Stille, zu sprechen. Ist Ihnen schon einmal aufgefallen, dass sich eine Einsicht oder ein Aha-Erlebnis im Allgemeinen dann einstellt, wenn man nicht aktiv danach gesucht hat? Ein solches Erlebnis erfordert eine offene Aufmerksamkeit in jedem Moment des Lebens.

Die *Meditationen* laden dazu ein, dieses Buch aus einer auf Erfahrung beruhenden Perspektive heraus zu leben und es nicht rein verstandesmäßig zu studieren. Die Meditationsanleitungen können 20 bis 30 Minuten lang praktiziert werden. Es sind einfache Übungen, die jedoch unter Umständen vieles zutage fördern. Emotionen und schmerzliche Erinnerungen können dabei aufkommen. Es ist empfehlenswert, unter der Anleitung einer erfahrenen Lehrperson zu meditieren.

Wichtige Gründe, die dafür sprechen, sich von einem erfahrenen Meditationslehrer oder Psychologen anleiten zu lassen, sind:

Akute Depression
Psychose
Ungelöstes sexuelles Trauma
Posttraumatisches Stresssyndrom
Schwerwiegende Stimmungsstörungen
Persönlichkeitsstörungen
Psychische Probleme, die der Behandlung bedürfen

Wenn Sie es nicht gewohnt sind, täglich zu meditieren, oder keine Erfahrung mit Meditation und Achtsamkeit haben, ist es am besten, die Übung des Atemfokussierens täglich zu praktizieren, solange Sie mit diesem Buch arbeiten. Im Kapitel „Achtsamkeit in der Therapie" finden Sie diese Meditation im Einzelnen dargelegt.
Weitere Informationen unter www.mindfulness.be.

TEIL 1

Die Einsichten des Buddha

Einführung

Kein Buddhismus, kein Glaube

Die drei Juwelen, die vier edlen Wahrheiten und der achtfache Pfad bilden den gemeinsamen Nenner aller buddhistischen Traditionen. Sie sind frei von Dogmen und Ritualen. Es sind natürliche Gesetzmäßigkeiten, die der Buddha vor etwa 2500 Jahren entdeckte und die dem menschlichen Geist und der menschlichen Existenz innewohnen.

Diese Komponenten der Weisheit des Buddha werden im vorliegenden Buch neu formuliert. Sie werden an die Anforderungen des Alltags und an jene Herausforderungen angepasst, die wir in unserer Meditationspraxis und im Leben selbst finden.

Ich betrachte mich weder als Buddhisten noch als einen Experten des Buddhismus. Das Folgende sind lediglich einige einfache Einsichten und praktische Untersuchungen, die ich im althergebrachten Rahmen der vier edlen Wahrheiten und des achtfachen Pfades vorstellen möchte.

Medikamente

Als westliche Gesellschaft leben wir unter vergleichsweise leichten Bedingungen: Wir kommen in den Genuss westlicher Technologie; wir haben ein komfortables Haus; wir haben Kranken- und Sachversicherungen. Wenn wir arbeitslos sind, kümmert sich die Gesellschaft um uns.

Lange haben wir Medikamente als Lösung für alles angesehen. In den 1960er Jahren verkündete Präsident John F. Kennedy im Brustton der Überzeugung: „Binnen fünf Jahren werden wir den Krebs besiegt haben!" Bis zum heutigen Tag werden große Summen für die wissenschaftliche Krebsforschung gespendet. Das hat zwar zu einer Verbesserung in der Behandlung und im Verständnis dieser Krankheit geführt, doch der Krebs ist noch immer nicht besiegt.

Untersuchungen haben gezeigt, dass Medikamente den meisten Menschen Schutz vor einem Rückfall in die Depression bieten. Die logische Konsequenz daraus ist: Wenn die Medikation beendet wird, wird auch der Schutz beendet, und das Risiko, in die Depression zurückzufallen, ist so groß wie eh und je.

Bei Schlafmitteln ist das Risiko sogar noch größer. Nach Absetzen des Mittels kommt es zu verschiedensten Anzeichen physischer Abhängigkeit, wie zum Beispiel Ruhelosigkeit, die sogar zeitweise bewirkt, dass die betroffene Person noch weniger schläft. Dieses Phänomen erzeugt Sucht, denn es entsteht der Drang, die Medikamente wieder einnehmen zu wollen, um das Auftreten der Symptome zu verhindern. Schlafmittel sind ohnehin niemals zu empfehlen. Denken Sie einmal darüber nach: Warum wollen Sie überhaupt Schlaftabletten nehmen? Um sich tagsüber ausgeruht und fit zu fühlen. In Wirklichkeit hat jedoch keine einzige Studie jemals erwiesen, dass man dadurch tatsächlich tagsüber ausgeruhter und leistungsfähiger ist, im Gegenteil: Das Ergebnis zahlreicher Untersuchungen war, dass man tagsüber schläfriger wird und dass das Schlafmuster von Grund auf gestört ist. Untersuchungen haben gezeigt, dass man sich aufgrund der negativen Wirkung, die Schlafmittel auf das Gedächtnis ausüben, noch nicht einmal daran erinnert, schlecht geschlafen zu haben!

Es ist also wichtig zu sehen, dass Medikamente ihren Nutzen, aber auch ihre Grenzen haben.

Selbst Verantwortung übernehmen

Wir sind in einer Selbstbedienungsgesellschaft aufgewachsen. Oft denken wir: „Dies ist mein Problem. Ich brauche eine Pille, um es wieder loszuwerden. Und bitte erzählt mir nicht, dass ich bestimmte Dinge in meinem Leben anders machen soll!"

In der Realität ist es jedoch ganz einfach: Wollen Sie von innen her frei werden, sind Sie selbst der Experte. Das bedeutet, nur Sie können die volle Verantwortung übernehmen. Es ist Ihr Leben, nur Sie gehen den Weg. Medikamente mögen von Zeit zu Zeit notwendig sein, aber wenn wir bereit sind, das Problem von innen heraus anzugehen, ist die Wirkung offenbar dauerhafter. So vermag Psychotherapie im Gegensatz zu Medikamenten dauerhaften Schutz zu bieten, um Depressionen vorzubeugen, und wenn Sie Entspannungsübungen mit Kognitiver Verhaltenstherapie kombinieren, werden Sie unter Umständen feststellen, dass Sie wirklich besser schlafen.

Das müssen wir jedoch nicht ganz allein schaffen. Wir werden unterstützt von den Erkenntnissen der Kognitiven Psychologie und der uralten Weisheit der drei Juwelen, der vier edlen Wahrheiten und des achtfachen Pfades.

Nur Sie selbst können sich von Ängsten, fixen Ideen, innerer Unruhe und jenen Dingen befreien, die bewirken, dass Sie sich unglücklich fühlen: Anhaften, Hass und Verblendung.
Das ist das Geschenk der Achtsamkeit.
Sie können es von innen her tun.
„Gib jemandem einen Fisch, und er hat einen Tag zu essen.
Lehre ihn zu fischen, und er hat sein ganzes Leben zu essen."

Aus China

Die drei Juwelen

Buddha

Die erste Kraft ist der Buddha. „Der Buddha" bezieht sich nicht so sehr auf den historischen Charakter des Buddha Gautama. „Der Buddha" bedeutet im Wesentlichen, dass wir uns der Macht des gegenwärtigen Moments, dem Hier und Jetzt, überantworten. Der Buddha steht für den erwachten Geist, und dieses Erwachen ist immer der gegenwärtige Augenblick.

Während des Achtsamkeitstrainings bemerkte ein Teilnehmer einmal: „Die Vorstellung macht mir Angst, dass ich die nächsten zwanzig Jahre mit diesem Schmerz leben muss." Hier kann es wichtig sein, sich dem Buddha zu überantworten: „Wie ist es jetzt? Kann ich mit diesem Augenblick umgehen?" Nicht später – nur jetzt. Im Allgemeinen lautet die Antwort „ja", und wir sehen, dass es jetzt, in diesem Moment, durchführbar ist. *Letztendlich ist das Leben nur eine Folge von Augenblicken.*

Ich weiß nicht, wie die kommenden Jahre sein werden. Was ich jedoch weiß, ist: Wenn ich mir jetzt wegen der kommenden zwanzig Jahre Sorgen mache, fühle ich mich jetzt schlechter. Darum können wir unseren Gedanken ihren Lauf lassen und uns auf das Hier und Jetzt konzentrieren. Sehr oft werden wir feststellen, dass das Jetzt in Ordnung ist. Ein alter Mann sagte einmal: „Mein Leben war voller Probleme, von denen keines jemals eingetreten ist."

Sich dem Buddha zu überantworten bedeutet auch, offen für das zu sein, was *hier* ist, und sich nicht nur auf das zu konzentrieren, was *nicht hier* ist. Eine Frau hat mir erzählt, es sei für sie in jenen Momenten, in denen sie von negativen Gedanken mitgerissen wurde, sehr hilfreich gewesen, sich für den Raum zu öffnen und den Himmel und die Bäume zu betrachten. Sie sah die Dinge einfach in einem breiteren Blickwinkel und gewahrte die Einfachheit und Ganzheit des Augenblicks.

Was sollen wir tun, wenn wir „das Jetzt" unzureichend erfahren?

Hier bietet Achtsamkeit eine ausgezeichnete Einsicht. Die Stärke der Achtsamkeit liegt nicht in etwas Speziellem oder in der Tatsache, dass wir plötzlich die Dinge anders machen. Wir lernen einfach, die Dinge anders zu sehen, nämlich mit Wertschätzung und Respekt. Das ist etwas, das wir lernen können. Es ermöglicht uns, eine neue Dimension des Hier und Jetzt zu entdecken, wie es in dem alten Wortspiel formuliert wird: Es ist ein Geschenk, im gegenwärtigen Moment gegenwärtig zu sein.[1]

---

1 Engl.: It is a present to be present in the present moment. (Anm. d. Ü.)

Gestern ist Geschichte.

Morgen ist ein Geheimnis.

Heute ist ein Geschenk.

Darum wird es „Präsent"[2] genannt.

Reflexion: Dasselbe mit neuen Augen sehen

Diese Übung wird in verschiedenen Traditionen praktiziert und ist ganz einfach. Sie besteht darin, einmal am Tag zehn Dinge aufzulisten, für die Sie dankbar sind. Die Zeit vor dem Zu-Bett-Gehen eignet sich gut dafür.

Erinnern Sie sich an das, was Sie tagsüber getan haben. Wenn Sie nur drei Dinge finden, für die sie dankbar sind, sollten Sie auf jeden Fall fortfahren. Es bedeutet, dass diese Übung für Sie bestimmt ist.

Beginnen Sie die Übung mit der Aussage „ich bin dankbar für …“. Wiederholen Sie sie mindestens eine Woche lang. Diese Übung hilft Ihnen dabei, sich für den Reichtum des gegenwärtigen Moments und für das, was bereits hier und jetzt ist, zu öffnen.

Meditation: Nur dieser Augenblick

Achten Sie auf Ihren Atem.

Bezeichnen Sie das Einatmen als „dieser“ und das Ausatmen als „Moment“.

Die komplexen Verflechtungen aus Sorgen und Plänen, Vergangenheit und Zukunft werden sich von selbst einfinden.

Sie brauchen sie nicht zu bewerten.

Lösen Sie sich einfach freundlich von ihnen, und kehren Sie zu „dieser“ und „Moment“ zurück.

Wiederholen Sie dies tausendmal.

Ihr Atem ist Ihr Anker.

Es ist eine Gelegenheit, Geduld, Respekt und Bereitwilligkeit zu kultivieren.

Dharma

Die zweite Kraft ist der Dharma. Der Dharma steht für die Gesetzmäßigkeiten der Natur, denen wir als Menschen unterworfen sind. Das größte Verdienst des Buddha Gautama ist es, dass er klar abgesteckt hat, wie wir dafür sorgen, dass unser Leben entweder elend oder schön ist. Das war nach einer langen Periode der Innenschau, nachdem er ehrlich das, was ist, betrachtet und tief in sich hineingehorcht hatte.

Der Dharma wurde schließlich in den *vier edlen Wahrheiten* und dem *achtfachen Pfad* schriftlich niedergelegt.

Sich dem Dharma zu überantworten bedeutet, sich der Lehre des Buddha zu überantworten. Seine Lehren sind während der vergangenen 2500 Jahre von Millionen Menschen erprobt worden, und die Anzahl derjenigen, die sich für diese Lehren interessieren, nimmt stetig zu.

Darüber hinaus zeigen neue wissenschaftliche Forschungsergebnisse, dass buddhistische Meditationspraktiken sich in verschiedener Weise positiv auf die körperliche und geistige Gesundheit auswirken. Sie beugen nachweislich einem Rückfall in die Depression vor. Zudem wurden unmittelbare positive Wirkungen auf das Gehirn und auf das Immunsystem gemessen. Manche Interessierte benötigen wissenschaftliche Ergebnisse, um Vertrauen in die Lehren zu fassen.

Sich zu überantworten ist jedoch nicht mit blindem Glauben gleichzusetzen, im Gegenteil: Empfehlenswert ist, nichts zu glauben, was man nicht erfahren hat. Es ist wichtig, sich einen kritischen, untersuchenden Geist zu bewahren, der sich darauf einlässt, Neues zu erkunden. Die Gefahr liegt darin, dass der kritische Geist sich verschließt. Ein Geist voller Vorurteile ist nicht bereit zu experimentieren. Ein zu offener Geist wird unter Umständen leichtgläubig.

Ein offener, kritischer Geist ist ein wissenschaftlicher Geist. Als Studierende des Lebens sind wir Wissenschaftler.

Wir suchen nach dauerhaften, sicheren Angaben. Wir wollen eine Theorie finden, die alles erklärt und uns Frieden gibt. Früher oder später wird jedoch eine neue Theorie kommen, die etwas anderes aussagt. An diesem Punkt wird erneut Unsicherheit vorherrschen. Dann stehen wir vor der Wahl, was wir glauben sollen.

Die Herausforderung der Achtsamkeit besteht darin, nur der unmittelbaren Erfahrung im gegenwärtigen Augenblick zu glauben. Sie verlangt, offen zu sein für das Experiment des Lebens. Sie verlangt von uns, einfach loszulassen. Wenn wir an unserem Wissen oder unseren vorgefassten Ideen festhalten, werden wir niemals entdecken, was hier ist. Loslassen erfordert Mut.

Um die Haltung eines Wissenschaftlers einzunehmen, ist es wichtig, zu untersuchen und nachzuforschen, damit man sieht, ob es so ist, wie es ist. Sie mischen sich nicht ein. Sie beobachten nur mit reinem Gewahrsein. Sie betrachten jeden Moment als etwas völlig Neues.

Diese kritische Offenheit, etwas Neues zu erforschen, ist wesentlich während des Acht-Wochen-Trainings. Es ist auch eine Fähigkeit, die kultiviert wird. Was Sie von innen heraus entdecken, verleiht Ihnen Weisheit und innere Stabilität.

Im Geist eines Anfängers
gibt es unendlich viele Möglichkeiten,
im Geist eines Spezialisten
nur wenige.

Shunryu Suzuki

Reflexion: Glaube

Was glaube ich, weil es in einem Buch steht?
Was glaube ich, weil ein Professor oder ein Experte es gesagt hat?
Wo ignoriere ich meine eigenen Erfahrungen, und wann glaube ich, was andere sagen?

Meditation: Immer wieder ganz hier, in diesem Moment

Sitzen Sie mit Würde.
Achten Sie auf Ihren Atem.
Beobachten Sie, wie Sie ein- und ausatmen.
Beobachten Sie den Anfang, die Mitte und das Ende jedes Atemzugs.
Bleiben Sie offen für jeden neuen Atemzug.
Wenn Sie das Interesse am Atem verlieren, nehmen Sie es zur Kenntnis, ohne zu urteilen.
Erneuern Sie Ihre Absicht, bei jedem Atemzug zu sein, und erfahren Sie ihn als etwas völlig Neues.
Öffnen Sie Ihre Augen und nehmen Sie diese Neugierde mit im Experiment Ihres Lebens, wie es sich von Augenblick zu Augenblick entfaltet.

Sangha

Schließlich gibt es noch die dritte Kraft: der Sangha. Zum Sangha gehören jene Menschen um uns herum, die uns dabei helfen, im Prozess beharrlich zu bleiben und durchzuhalten. Während des achtwöchigen Übungsprogramms gibt es Teilnehmer, die uns durch ihre menschliche Präsenz unterstützen. Oft fühlen wir uns bestärkt, wenn wir sehen, dass andere mit denselben Frustrationen und Ängsten zu kämpfen haben wie wir. Wir erkennen, dass wir mit unserem Schmerz nicht allein stehen. Auch in einem formellen Meditations-Retreat unterstützt uns die Gruppe, die an den Übungen teilnimmt. Es ist erheblich schwieriger, die geplanten Meditationszeiten einzuhalten, wenn man ganz auf sich allein gestellt ist.

Häufig haben wir gelernt, uns zu isolieren und alles im Alleingang zu tun. Dahinter steht die Vorstellung: „Wenn ich niemandem zu nahe bin, kann ich nicht verletzt werden." Und wir sind davon überzeugt, dass wir uns auf diese Weise etwas Gutes tun.

Ich habe selbst eine schwierige Zeit durchlebt. Besonders der Umgang mit anderen war mit viel Schmerz verbunden. Meditation schien vorübergehend etwas Erleichterung zu bringen. Irgendwo, so sagte ich mir, brauchte ich die anderen überhaupt nicht, ich konnte es allein schaffen. Als ich jedoch meine Gefühlswelt ehrlich betrachtete, wusste ich, dass ich etwas übersehen hatte. Kontakt mit anderen zu suchen erschien mir zu bedrohlich.

Welche Macht dem Verbundensein mit anderen zukommt, wurde mir klar, als Wilfried Van Craen über seine Arbeit sprach. Unter Hypnose führte er Hunderte von Menschen zurück zu Erlebnissen ihres Lebens, die am meisten hervorstachen. In den meisten Fällen, so schien es, hatten die Ereignisse etwas mit Gruppen zu tun.

Als ich tief in mich ging, erkannte ich dieses grundlegende Bedürfnis: das Bedürfnis, in Freundschaft verbunden und zusammen zu sein. Für Sterbende, die auf ihr Leben zurückblicken, ist dies ein Eckpfeiler. Wenn sie etwas bedauern, dann geht es niemals um die große Villa oder das Auto, das sie nicht gehabt haben, sondern immer um etwas, das mit Menschen zu tun hatte. Nach einer Nahtoderfahrung schlagen die Betreffenden tendenziell einen neuen Weg ein. Fragen Sie sich einmal selbst, was Sie täten, wenn Sie nur noch einen Monat zu leben hätten.

Das Paradox unserer Zeit
Wir haben größere Häuser, aber kleinere Familien;
mehr Annehmlichkeiten, aber weniger Zeit.
Wir haben mehr Diplome, aber weniger Verstand;
mehr Wissen, aber weniger Urteilsvermögen;
mehr Experten, aber mehr Probleme;
mehr Medikamente, aber weniger Gesundheit.
Wir haben erfolgreich die gesamte Strecke
zum Mond und zurück bewältigt,
doch es bereitet uns Probleme, die Straße zu überqueren,
um den neuen Nachbarn zu besuchen.
Wir bauen mehr Computer,
die mehr Informationen enthalten
und mehr Kopien produzieren als je zuvor,
aber wir kommunizieren weniger.
Wir haben es zu enormer Quantität gebracht,
doch es mangelt an Qualität.
Dies sind die Zeiten des Fast Food,
aber der langsamen Verdauung;
großer Menschen, aber kleiner Persönlichkeiten;
hoher Profite, aber seichter Beziehungen.
Es ist eine Zeit, in der viel im Fenster ist,
aber nichts im Zimmer.

S. H. der 14. Dalai Lama

Reflexion: Sich anderen zuwenden

Wie weit kann ich mich meinen Mitmenschen gegenüber öffnen?
Wie weit kann ich auf Freundschaft vertrauen?
Wie weit wage ich es, mich anderen zuzuwenden, um Unterstützung
zu erhalten?

Meditation: Einsamkeit

Kommen Sie in Kontakt mit Ihrem Atem und Ihrem Körper als Ganzes.
Spüren Sie ehrlich: Ist dort Einsamkeit?
Lassen Sie sie vollkommen präsent sein.
Geben Sie ihr Zeit und respektvolle Aufmerksamkeit.
Spüren Sie sie in Relation zu Ihrem Atem und Ihrem Körper.
Geben Sie ihr Raum und Zeit.
Öffnen Sie Ihre Augen wieder.
Lassen Sie den Respekt, den Sie für Ihr Gefühl entwickelt haben, eine
Quelle der Inspiration für Ihre Beziehungen sein.

Die vier edlen Wahrheiten

Es gibt Leiden

Haben Sie den Eindruck, dass alles nach Ihren Wünschen läuft? Wahrscheinlich nicht. Wir alle haben Vorstellungen darüber, wie die Dinge sein sollten – wie unser Mann oder unsere Frau sich verhalten soll, wie Menschen sich im Verkehr verhalten sollen oder sogar, wie die Kassiererin sich verhalten soll. Und ändert sich die Welt gemäß Ihren Wünschen? – Nein! Diese Erkenntnis ruft Frustration hervor, auch als „duhkha" bezeichnet. Es ist das Leiden durch Verlust, Enttäuschung, Krankheit, Freunde, die sterben. Duhkha umfasst das gesamte Spektrum, von subtilem Unbehagen über den Wunsch, die Dinge wären nur ein bisschen anders, bis hin zu heftigem, unerträglichem Leid. Duhkha ist das, was schwer zu ertragen ist.

Sehr häufig leben wir, als gebe es kein Duhkha, und täuschen uns selbst über die Realität des Lebens hinweg. Wir lenken uns davon ab und stellen die unmöglichsten Dinge an, um Enttäuschung oder Unbehagen zu vermeiden. Eben dieses Leugnen des Leids ist es, das fortwährende Unruhe und Gereiztheit hervorruft.

Die erste edle Wahrheit sagt uns, dass es wichtig ist, uns nicht vom Schmerz und vom Kummer abzulenken, die wir ertragen. Sie handelt davon, das Leid, die Frustration und den Kummer ganz zu konfrontieren. Auf diese Weise wandelt sich unsere Haltung gegenüber unangenehmen Dingen von „Leugnen" und „nicht wollen" zu „sich öffnen für" und „für sich selbst gegenwärtig sein". Wenn dies geschieht, wird die Wahrheit vom Leiden eine edle Wahrheit. Am Ende sind wir dadurch, dass wir dem Leid gegenübertreten und es anerkennen, in der Lage, im Auf und Ab unseres Lebens Beständigkeit und Würde zu erfahren.

Während des Acht-Wochen-Achtsamkeitsprogramms nehmen wir uns Zeit zu betrachten, auf welche Art und Weise wir uns jeweils von Schmerz ablenken. Gewöhnlich sind es unbewusste Reaktionen. Sie zu konfrontieren ist ein wesentlicher Schritt auf unserem Weg zur Heilung. Letztendlich geht es darum, dass wir uns unserem Leben in seiner Ganzheit stellen.

Reflexion: Emotionaler Schmerz

Betrachten Sie sich selbst und Ihr Leben ehrlich.
Welche Enttäuschungen tragen Sie mit sich herum?
Welche Träume haben sich nicht verwirklicht?
Nehmen Sie sich Zeit, es aufzuschreiben. Tun Sie dies vier Tage hintereinander. Es hat sich gezeigt, dass es sich positiv auf das körperliche und geistige Wohlbefinden auswirkt, die tiefsten Emotionen etwa 15 bis 20 Minuten lang aufzuschreiben.

Meditation: Mit Unbehagen sitzen

Verankern Sie Ihre Aufmerksamkeit in Ihrem Atem.
Erweitern Sie das Feld Ihrer Aufmerksamkeit auf den gesamten Körper.
Richten Sie milde, nicht urteilende Aufmerksamkeit auf Ihr Unbehagen.
Atmen Sie in das Unbehagen hinein und spüren Sie es.
Benennen Sie es sanft und respektvoll.
Wenn Gedanken aufkommen, richten Sie Ihre Aufmerksamkeit sanft wieder auf das Gefühl in Ihrem Körper.
Geben Sie ihm genügend Zeit und Aufmerksamkeit.
Erlauben Sie sich, den Duhkha-Zustand zu sehen, ihn kennenzulernen und ihn zu umarmen. Er gehört zum Menschsein dazu.

Es gibt einen Ursprung des Leidens

Um die erste edle Wahrheit ranken sich viele Missverständnisse. Bisweilen glauben manche, dass sie besagt: „Das Leben ist duhkha." Das wäre jedoch eine pessimistische Botschaft, wohingegen die echte Botschaft optimistisch ist. Wir sind nämlich in der Lage zu sehen, was duhkha bewirkt, und dadurch, dass wir es tief anschauen, können wir Freiheit finden. Das ist es, was wir in den edlen Wahrheiten lernen.

Unsere Suche nach Glück

Sind Sie jetzt gerade vollkommen glücklich? Wahrscheinlich nicht. Wir glauben nicht wirklich, dass dies möglich ist. Vielleicht, so denken wir, sind wir in der Zukunft glücklich, aber nur dann, wenn bestimmte Voraussetzungen gegeben sind.

Viel ist zu tun, um diese Bedingungen zu erfüllen. Wir sind fortwährend beschäftigt, unterwegs und noch nicht fertig. Unruhe und Eile herrschen vor. All dieses „Müssen" und dass es „jetzt" getan werden muss überfordert uns.

Dieses besessene Streben führt dazu, dass wir unsere Freiheit verlieren und das Hier und Jetzt versäumen. Es ist nicht genügend Raum vorhanden, um tiefere Gefühle für andere zu empfinden. Darum bleibt uns die Erfahrung des Friedens versagt. Unsere Überzeugung, vieles müsse noch getan werden, wird bestätigt. Wir sind in einem Teufelskreis gefangen.

Samsara

Bei dem Versuch, für uns zu sorgen und glücklich zu sein, geraten wir in unserem Geist in Kreisläufe, genannt *Samsara*, und bleiben darin gefangen. Samsara bedeutet, dass wir ständig dasselbe wiederholen und keine andere Möglichkeit sehen. Wir ersehnen etwas und handeln impulsiv, ohne jegliche Klarheit.

Samsara wird durch Furcht und die drei subtilen geistigen Gewohnheiten genährt: Anhaften, Abneigung und Verblendung. Diese drei Gewohnheiten des Geistes sind vorherrschend, wenn keine heilsame Aufmerksamkeit oder heilsames Verständnis vorhanden sind.

Wir denken und handeln gemäß diesen Gewohnheiten, als würden sie uns glücklich machen. Auf diese Weise sorgen wir gut für uns selbst, so denken wir, während wir jedoch in Wirklichkeit immer weiter von einem natürlichen Zustand spontanen Glücks wegdriften.

Achtsamkeit lehrt uns, dass es möglich ist, hier und jetzt glücklich zu sein, und dass die drei subtilen Gewohnheiten des Geistes uns dabei nicht unterstützen, im Gegenteil: Wir erkennen auch, dass Umstände nur zweitrangig sind. Sie können kein dauerhaftes Glück gewährleisten.

Es geht darum, innezuhalten und diesem Moment tiefere Aufmerksamkeit zu widmen. Wir laufen nicht mehr, wir atmen und sind aufmerksam. So können wir Freiheit finden und den Reichtum des gegenwärtigen Moments entdecken.

Untersuchung: Was setzen Sie voraus, um glücklich zu sein?

Letztendlich wollen wir alle eines: glücklich sein. Wir meinen, alles Mögliche zu benötigen, bevor wir glücklich sein können. Und wir sind bereit, alles Mögliche dafür zu tun. Werfen wir einen genaueren Blick auf all die Bedingungen, die wir uns selbst setzen, um glücklich sein zu können. Welche Bedingungen haben Sie?

1. *Ich brauche mehrere Dinge.* – Was müssen Sie besitzen oder erhalten?
2. *Ich brauche Anerkennung.* – Von wem? Wofür?
3. *Jemand soll mir verzeihen.* – Was soll diese Person Ihnen sagen?
4. *Ich muss etwas leisten.* – Was müssen Sie tun?
5. *Ich muss gut sein.* – Welche Anforderungen müssen Sie erfüllen?

Welche sind Ihre drei Hauptbedingungen, die erfüllt werden müssen, damit Sie glücklich sind? Schreiben Sie auf: Wenn..., dann werde ich glücklich sein.

Reflexion: Realität

Hat sich die Welt jemals nach Ihren Wünschen gerichtet?
Meinen Sie, die Welt wird sich jemals an Ihre Wünsche anpassen, wenn Sie sich nur genug Mühe geben, oder denken Sie, dass die Welt sich anpasst, wenn Sie nur zornig genug werden?
Glauben Sie, dass die Erfüllung Ihrer Wünsche Ihnen dauerhaftes Glück geben wird?

Anhaften: Quelle von Duhkha

Wir alle haben eine Vorstellung, wie die Welt sein sollte, wie die Menschen sich verhalten sollten, wie man sich im Verkehr verhalten soll, wie man an der Kasse anstehen sollte und so weiter und so weiter. Wir halten daran fest. Wir ärgern uns sogar, wenn andere sich nicht gemäß unseren Vorstellungen ändern. Überdies haben wir die Vorstellung, alle möglichen Dinge besitzen zu müssen.

Je mehr wir an unseren Meinungen und idealen Szenarien hängen, desto frustrierter und aufgewühlter werden wir. Sehen wir nur einmal unser eigenes Leben an: Wir erfahren den größten Stress in jenen Lebensbereichen, in denen wir nicht loslassen können. Darum ist Festhalten bzw. Anhaften eine Quelle des Leidens. Es erzeugt Besessenheit, Stress und Ruhelosigkeit. Lassen Sie uns einen Blick auf die verschiedenen Bereiche des Anhaftens werfen.

„Die Blüten fallen, obwohl geliebt,
und das Unkraut wuchert, obwohl ungeliebt."

Dogen

Anhaften an positiven Gefühlen

Wir alle haben Ansichten darüber, wie „ich" mich fühlen sollte. Wie steht es aber mit der Realität? Wir fühlen uns oft nicht so, wie wir es wollen. Das verursacht Frustration. Es ist der beständige Wunsch, sich anders zu fühlen, der diese unangenehmen Gefühle stützt.

> Es gibt eine Zeit, Vergnügen zu erfahren.
> Es gibt eine Zeit, Traurigkeit zu erfahren.
>
> Taoistische Tradition

Anhaften an meinem Selbstbild

Wir stellen alles Mögliche an, um jemand zu sein, und vergessen dabei: Je höher wir aufsteigen, desto tiefer können wir fallen. Wir warten, bis jemand daherkommt und uns sagt, was für ein besonderer Mensch wir sind, aber wir vergessen, dass diese Person ihre Meinung ändern kann. Je mehr wir denken, dass wir „es" sind, desto mehr wollen wir den Anschein aufrechterhalten und desto größer ist der Stress.

> Wer niemand ist, kann auch nichts verlieren.
>
> Taoistische Tradition

Anhaften an Beständigkeit

Wir suchen nach Gewissheiten. Vorhersagbarkeit vermittelt uns ein Gefühl der Sicherheit. Allerdings funktioniert das Leben nicht so – sonst wäre es auch sehr langweilig. Wandel ist Realität. Versuchen Sie nur, sich in den nächsten fünf Jahren nicht zu verändern. Die Herausforderung besteht darin, sich dem „Nicht-Wissen" zu überlassen und sich im Wandel zu entspannen.

Nicht immer so.

Zen-Tradition

Anhaften an Standpunkten

Wir halten an unseren Ansichten fest. Wir suchen nach Bezugspunkten. Es ist ein Zeichen der Schwäche. Wir sehen die Welt nicht so, wie sie ist, und das verhindert, dass es zu einer tiefen Hingabe an das Leben kommt.

Lass los, wenn du glücklich sein willst.

Vipassana-Tradition

Anhaften an dem, wie es sein soll

Wir halten an unseren Idealen fest und kämpfen gegen das an, was sich nicht in sie einpasst. Wir meinen, auf diese Weise gut für uns selbst zu sorgen und sogar glücklich zu werden. In Wirklichkeit erzeugen wir jedoch nur noch mehr fixe Ideen und Konflikte.

„Müssen" fördert Depression.

MBCT

Anhaften an Besitztum

Wir wollen mehr besitzen. Wir halten an dem fest, was wir haben und ansammeln – man kann schließlich nie wissen! Es herrscht Misstrauen gegenüber der Zukunft vor. Je mehr wir jedoch besitzen, desto mehr fürchten wir, alles zu verlieren.

Als mein Haus niederbrannte,
behinderte nichts mehr meinen Blick auf den Mond.

Zen-Tradition

Anhaften an Kontrolle

Wir stellen alles Mögliche an, um die Dinge unter Kontrolle zu halten. Wir glauben hartnäckig, die Welt würde sich uns anpassen. Es bestehen Unruhe, Abneigung und Konflikt. Es ist ein Kampf, der von vornherein zum Scheitern verurteilt ist.

> Wenn du den Wunsch zu kämpfen hast,
> hast du schon verloren.
>
> Aikido-Tradition

Anhaften an „später"

Irgendwie fühlen wir uns jetzt nicht gut, vielleicht ein wenig frustriert. Da es jetzt nicht gut ist, meinen wir, das Gute liege in der Zukunft, außer Reichweite. Also suchen wir nach etwas, das uns Frieden und Glück vermittelt. Bei genauerer Betrachtung dieser Gewohnheiten stellen wir jedoch fest, dass unsere Suche nach Glück uns davon abhält, die Schönheit des Hier und Jetzt wahrzunehmen. Diese Einsicht hilft uns, dem, was da ist, Aufmerksamkeit zu widmen, statt uns auf das zu fixieren, was nicht hier ist und was wir gerne hier hätten.

> Das ist es!
>
> Vipassana-Tradition

Woran halte ich hartnäckig fest?
Finde ich den Mut, loszulassen
und auf den nächsten Augenblick
in seiner Fülle zu vertrauen?

Unheilsames Wollen

Das zu wollen, was nicht hier ist, und das nicht zu wollen, was hier ist – dies sind die Gewohnheiten, die uns vom Reichtum und der Fülle des gegenwärtigen Moments wegführen. Können wir gegenüber solchen Bewegungen des Geistes wachsam sein, dann kehren wir spontan zur Lebendigkeit des Jetzt zurück. Dazu ist es lediglich erforderlich, sich des Musters bewusst zu werden. Dies bringt eine Verschiebung der Aufmerksamkeit mit sich, weg von dem, was noch geschehen „muss", hin zu dem, was bereits hier ist. Wir kehren in Frieden zurück nach Hause, zum Reichtum des gegenwärtigen Augenblicks.

Das wollen, was nicht hier ist.

Wenn wir nach etwas verlangen, was jetzt nicht hier ist, sind wir in unserem Kopf. Wir sind „weg" in einem Denkprozess, einem geistigen Radau, der aufrechterhalten wird von der Vorstellung, dass die Dinge nicht so funktionieren, wie wir es gerne hätten. Unbewusst planen, managen oder diskutieren wir.
Infolgedessen wird unsere Aufmerksamkeit von einer Traumwelt vereinnahmt, fokussiert auf „später". So versäumen wir die Fülle dessen, was hier ist. Die Aufmerksamkeit oder Wertschätzung, die wir dem gegenwärtigen Moment entgegenbringen, ist gering.
Oft ist im Hintergrund die Befürchtung vorhanden, es sei unklug, diese geistige Aktivität loszulassen. Infolgedessen erlauben wir uns nicht, inneren Frieden zu erlangen.

Peter ist ein Geschäftsmann. Er hat folgende Geschichte erzählt:
„Ständig war ich mit Planen und Arbeiten beschäftigt. Wochenenden gab es
nicht. Selbst wenn ich etwas Zeit mit den Kindern verbringen und genießen
wollte, war ich nicht dazu in der Lage. Der Handlungsmodus beherrschte
alles. Ich spürte, dass mir etwas fehlte.
Das Achtsamkeitstraining half mir, dieses Muster näher zu betrachten. Indem
ich meine Aufmerksamkeit nach innen richtete, sah ich diese fortwährende
subtile geistige Aktivität in ihrer ganzen Pracht: ein unendlicher Strom von
Plänen, in denen ‚mehr und höher‘ die treibenden Kräfte waren. Ich war
immer ‚dort‘ und versäumte das ‚Hier‘.
Als mir dies klar wurde, verstand ich, wie wichtig es war, das Planen loszu-
lassen. Die Achtsamkeitsübungen verliehen mir Beständigkeit und Flexibilität
in der Aufmerksamkeit. Dadurch gelang mir dies immer besser.
Dadurch, dass ich meine Aufmerksamkeit auf das richte, was hier ist, kann
ich mich für den Reichtum einfacher Dinge öffnen. Ich entdecke vorhande-
nen Raum, um mich ‚jetzt‘ zu freuen und ‚heute‘ angenehme Dinge zu tun.
Atempausen sind für mich dabei das Wichtigste. Sie helfen mir, wachsam zu
sein gegenüber jenen Momenten, in denen ich vom Hier und Jetzt abgelenkt
werde.“

Reflexion: Das Muster erkennen

Bin ich fähig, mir selbst zu erlauben, „nur eine Zeitlang" nicht zu planen?
Vermag ich ganz hier zu sein, in diesem Augenblick in all seiner Einfachheit?

Das nicht wollen, was hier ist.

Sehr häufig entspricht die Wirklichkeit dieses Augenblicks nicht unseren Wünschen. Sie aktiviert unseren Modus des Handelns und Denkens. Wir verlieren uns in einem fortwährenden subtilen Kampf in Form innerer Kommentare, von Murren und Klagen, oft begleitet von Selbstanklagen und Schuld. Dies steigert das Unbehagen nur noch mehr. Erkennen Sie irgendetwas darin wieder? Wie viel Frieden erfahren Sie in diesem Moment mit dem, was hier ist?

Bruno erzählt:

„Meine Frau und ich hatten eine Mini-Reise mit der Familie gebucht. Ich hatte dem, was meine Frau vorgeschlagen hatte, zugehört, während ich arbeitete, und hatte ‚teilweise' zugestimmt.

An diesem Morgen war schönes Wetter, was mich dazu veranlasste, mich zu beklagen, dass ich nun anderthalb Stunden im Auto sitzen müsse, statt friedlich meinen Garten genießen zu können. Ich war ein schlechter Reisegefährte zu Beginn des Ausflugs.

Dann wurde mir mein Modus des Klagens bewusst. Ich entschied, mein Klagen loszulassen, indem ich meine Aufmerksamkeit nach innen richtete. Allmählich dämmerte es mir, dass ich sowieso im Auto war und dass Klagen der Qualität dieses Moments nicht zuträglich war. Es wäre besser, mich zu entspannen, statt mir selbst und meiner Familie Unannehmlichkeiten zu bereiten.

Ich konzentrierte meine Aufmerksamkeit darauf, mit meiner Frau und meinen Kindern zusammen zu sein, auf die schöne Landschaft und die Mühe, die meine Frau netterweise auf sich genommen hatte, etwas für die Familie zu tun. Es wurde ein schöner Tag."

Reflexion: Das Muster erkennen

Stehe ich in einem subtilen Kampf mit dem, was ist?
Kann ich mich im Jetzt entspannen?

Ein tiefes Engagement

Aus der Beobachtung, dass Anhaften die Quelle des Leidens ist, wird leider oft die Schlussfolgerung gezogen, das Ziel sei „Loslösung" und „nichts mehr zu wollen".

Das trifft die Sache jedoch nicht. Es geht um *ein tiefes Engagement für das, was ist, und die Möglichkeit, eine sinnvolle Antwort auf die Herausforderungen des Alltags zu formulieren.* Darum ist es wirklich wichtig, das anzuschauen, was tatsächlich im Augenblick gegeben ist, und sich nicht an die Vorstellung zu klammern, wie es unserer Meinung nach sein sollte.

Unser Anhaften an dem, wie die Dinge sein sollten, erzeugt einen endlosen Strom des Denkens und Tuns. Gewöhnlich ist es ein ineffizientes Dramatisieren statt effizientes Planen, ineffiziente Unruhe statt konkreten Handelns.

Wahres Engagement für das, was ist, ist ein Akt der Weisheit und des Mitgefühls für sich selbst und andere. Wir sehen das, was wirklich nötig ist, mit unserem Herzen.

Dieses Loslassen des Anhaftens bedeutet wirklich, dass wir uns von der hypochondrischen Beschäftigung mit uns selbst lösen – von der Beschäftigung damit, was ich fühlen sollte, wie andere mich behandeln sollten und wie die Welt sich nach mir richten sollte.

In dem Moment, da Anhaften seine Macht verliert, entsteht automatisch ein klareres Engagement für die Welt, für andere und für einen selbst. Dann ist Raum vorhanden für eine heilsame Form des Wollens.

Die Herausforderung besteht darin, sich zu entspannen und jede Vorstellung darüber, wie die Welt unserer Meinung nach sein sollte, loszulassen. Das ist der erste Schritt in Richtung eines aktiven Engagements für die Welt.

Als mehrere Mönche des englischen Klosters von Ajahn Sumedho kamen, um
sich über einige ihrer Klostergenossen zu beschweren, sagte Sumedho: „Nun,
es wäre zwar schön, wenn jeder uns nur positive Gefühle geben würde, aber
so ist es nicht immer. Wir sind nicht hier, um uns darauf festzulegen, wie wir
uns fühlen sollten, sondern um zu sehen, wie es ist, und daraus zu lernen.“

Reflexion: Anhaften und Abneigung

Was kommt dabei heraus, wenn ich Anhaften und Ablehnung in meinem
Leben anwende?
Kann ich meine Ziele ansteuern und wachsam sein, wenn „Anhaften“,
„Abneigung“ und „Müssen“ versuchen, die Führung zu übernehmen?

Es gibt Freiheit

Freiheit – eine Methode, aufmerksam achtsam zu sein

In einer Welt, die stark von Duhkha und seiner Ursache geprägt ist, ist Freiheit möglich. Die Erfahrung vollständiger Freiheit wird mitunter Nirwana genannt, womit der ultimative Zustand der Erleuchtung gemeint ist. Während der Meditation oder in intensiven Momenten kann eine solche Erfahrung stattfinden. Es ist ein Augenblick, in dem man Anhaften und Ablehnung nicht mehr unterworfen und vollkommen gegenwärtig ist.

Erleuchtung wird häufig als ein Ziel in der Meditation aufgefasst. Dies wird deutlich bei Meditierenden, die einmal einen euphorischen Zustand erlangt haben und nun danach streben, ihn überall und immer zu erfahren.

Chris berichtete während des Trainings von seiner Erfahrung. Aufs Schönste brachte er seine großartige Erfahrung zum Ausdruck. Sofort kam eine Reaktion von einem anderen Teilnehmer: „Hast du es denn geschafft, diesen Zustand lange aufrechtzuerhalten?"

Etwas festhalten zu wollen und Anhaften ist eine Reaktion, die bewirkt, dass wir es wieder verlieren. Es gibt keine dauerhaften Bewusstseinszustände. Selbst nach Erleuchtungserfahrungen in der Meditation sind Schmerz, Frustration und Sorge weiterhin vorhanden. Die üblichen unbewussten Reaktionen des Anhaftens und der Ablehnung werden sie verstärken.

Es ist wichtig, wachsam zu bleiben und mit nicht urteilender und freundlicher Aufmerksamkeit für Ihre Erfahrung verfügbar zu sein. Dies ermöglicht Freiheit hier und jetzt, in einer Welt, in der die Erfahrung von Duhkha nicht zu vermeiden ist. Es lässt Raum dafür, sich in jedem Augenblick für das Leben zu engagieren.

Reflexion: Kann ich mit Leichtigkeit jeden Moment umarmen und Erleuchtung als einen Weg ansehen?

Denkt daran,
dass selbst dem Buddha
eine Tiernatur innewohnte.
Der einzige Unterschied ist,
dass er ganz genau wusste,
wie er damit umgehen konnte.
Wir alle können dies ebenfalls
lernen. Wir können das Tier in uns
nicht töten und sollten es nicht versuchen. Ihr braucht nicht
gegen die Tiernatur in euch anzukämpfen oder sie zu
töten, damit eure erwachte Natur oder eure Buddha-Natur
wieder erscheint. Lächelt der Tiernatur in euch einfach zu
und denkt daran, dass Mitgefühl stets in euch ist. Eure Buddha-Natur wird dann die Tiernatur zart und
achtsam umarmen. Dies ist ein Wunder – es ermöglicht, dass
eure Tiernatur und eure Buddha-Natur gemeinsam in Frieden
und Harmonie existieren können.

Thich Nhat Hanh

Leichter sein

> Es geht nicht um Selbstverbesserung oder Selbstverwirklichung. Einfach um eine offene und freundliche Verfügbarkeit für das Jetzt.

Intensive Erfahrungen in der Meditation können einen Geschmack von Nirwana, unserer freien Natur, vermitteln. Wie uns *heilsames Verständnis* lehrt, wird es aber immer noch Augenblicke des Schmerzes und des Kummers geben, doch diese Augenblicke werden von etwas getragen, das größer, sanfter, tiefer ist als das persönliche Selbst. Solche Erleuchtungserfahrungen machen uns leichter. Wir tragen ein bisschen weniger emotionale Last, ein bisschen weniger Frustrationen mit uns herum, und wenn sie sich einstellen, machen sie sich nicht mehr so hartnäckig bemerkbar. Unsere Beziehung zum Leben wird sanfter und leichter.

In der Achtsamkeitspraxis geht es darum, wie Sie sich auf die neue Herausforderung jedes einzelnen Moments einstellen. Erleuchtungserfahrungen wecken uns aus unseren Illusionen des Anhaftens und der Ablehnung. Diese beiden Kräfte werden häufig versuchen, die Oberhand zu gewinnen. Es bleibt weiterhin eine Praxis, in jeden neuen Augenblick nicht urteilende Aufmerksamkeit einzubringen.

Reflexion: Freiheit ist nur hier und jetzt möglich. Ist das ein befreiender oder ermutigender Gedanke?

Lass das Leben dich erleuchten.

Der Weg ist das Ziel.

Es gibt kein Ziel dort.

Es gibt nur hier.

Du musst nicht laufen.

Du bist schon angekommen.

Heilsames Verständnis

Heilsame Absicht

Heilsame Rede

Heilsames Handeln

Heilsame Lebensführung

Heilsame Anstrengung

Heilsames Gewahrsein (Achtsamkeit)

Heilsame Konzentration

Es gibt den achtfachen Pfad der Freiheit

Der achtfache Pfad der Freiheit stellt einen Bezugsrahmen bereit, der Sie dabei unterstützt, mit Würde, Respekt und Weisheit durch die Herausforderungen der täglichen Realität zu steuern.

Stellen sich Probleme in Ihrem Leben ein, dann werden Sie still und richten Ihre Aufmerksamkeit nach innen. Gehen Sie tief in sich. Konzentration und Meditation ermöglichen es Ihnen, zu verstehen. Dies wird Ihre Absichten, Worte und Handlungen inspirieren, wenn Sie an die Situation herangehen.

Das Thema, welche Bedeutung die verschiedenen Aspekte des Pfades für unser Leben haben, können wir nun auf sich beruhen lassen. Später sollen Depression und Schmerz noch einmal unter dem speziellen Aspekt ihrer Beziehung zum achtfachen Pfad erläutert werden.

Dass einer nur getadelt

oder allgemein gelobt wird,

war noch nie, ist nicht und

wird nicht sein.

Dhammapada

Der achtfache Pfad

Heilsames Verständnis

Als menschliche Wesen wollen wir alle glücklich sein. Wir streben danach und versuchen, Vergnügen festzuhalten, während wir Schmerz, so gut es uns eben möglich ist, vermeiden. Wir wären bereit, Tausende für einen Kursus auszugeben, der uns garantiert, dass wir für den Rest unseres Lebens auf einer Wolke der Gelassenheit leben werden. Niemals mehr wütend, niemals wieder traurig und stets frei von Stress zu sein – das stößt bei uns Menschen auf Anklang.

Die Wirklichkeit sieht jedoch anders aus. Lao-tse formulierte es schon vor etwa 2500 Jahren:

> Es gibt eine Zeit, der Erste zu sein,
> und es gibt eine Zeit, der Letzte zu sein.
> Es gibt eine Zeit, Angenehmes zu erfahren,
> und es gibt eine Zeit, Schmerz zu erfahren.
> Es gibt eine Zeit, gelobt zu werden,
> und es gibt eine Zeit, erniedrigt zu werden.
> Es gibt eine Zeit fürs Gewinnen,
> und es gibt eine Zeit fürs Verlieren.
>
> Taoistische Tradition

Diese Weisheit findet sich auch in der christlichen Tradition im Alten Testament, im Buch Kohelet (3,1–8):

Ein jegliches hat seine Zeit,
und alles Vorhaben unter dem Himmel hat seine Stunde:
Geboren werden hat seine Zeit, sterben hat seine Zeit;
pflanzen hat seine Zeit, ausreißen, was gepflanzt ist, hat seine Zeit;
töten hat seine Zeit, heilen hat seine Zeit;
abbrechen hat seine Zeit, bauen hat seine Zeit;
weinen hat seine Zeit, lachen hat seine Zeit;
klagen hat seine Zeit, tanzen hat seine Zeit;
Steine wegwerfen hat seine Zeit, Steine sammeln hat seine Zeit;
herzen hat seine Zeit, aufhören zu herzen hat seine Zeit;
suchen hat seine Zeit, verlieren hat seine Zeit;
behalten hat seine Zeit, wegwerfen hat seine Zeit;
zerreißen hat seine Zeit, zunähen hat seine Zeit;
schweigen hat seine Zeit, reden hat seine Zeit;
lieben hat seine Zeit, hassen hat seine Zeit;
Streit hat seine Zeit, Friede hat seine Zeit.

Nach der Übersetzung von Martin Luther

Wenn Sie sich wünschen, nur Vergnügen, nur Gewinn zu erfahren, nur der Erste zu sein, habe ich schlechte Nachrichten für Sie: Sie wurden auf dem falschen Planeten geboren!

Das Leben auf Erden hält immer zwei Seiten des Daseins bereit: Yin und Yang, dunkel und hell, Nacht und Tag, Frau und Mann, Schmerz und Vergnügen.

Der Buddha hat dies als „die acht Weltgesetze" beschrieben:

Gewinn und Verlust

Verehrung und Verachtung

Lob und Tadel

Freude und Leid,

gar wandelbar sind diese Weltgesetze,

voll Unbestand,

dem Wechsel unterworfen.

Buddha

Achtsamkeit ist Weiträumigkeit

Meditieren bedeutet,

allem Raum zu geben.

Jack Kornfield

Heilsame Sicht

Achtsamkeit lehrt uns, die Wirklichkeit so, wie sie ist, ehrlich zu betrachten. Wir lernen, sie zu sehen und anzunehmen. Symbolisch ausgedrückt, heißt es, leben die Menschen auf halbem Wege zwischen Himmel und Erde und haben deswegen gleichermaßen Anteil an Schmerz und Freude. Diese Vorstellung mag Ihnen dabei helfen, schwierige Zeiten besser durchzustehen.

Heilsame Sicht hilft zu verstehen, dass all dies zum Leben gehört und dass die beste Methode, Leiden zu vermeiden, darin besteht, nicht mehr dagegen anzukämpfen. Ein Kampf, der uns verspricht, dass wir ausschließlich Vergnügen und Freude empfinden werden, ist nicht zu gewinnen. Er erzeugt lediglich mehr Kämpfe, Schmerz und Kummer.

Während des Prozesses der Einsichtsmeditation können wir „heilsames Verständnis" von innen heraus erfahren. Wir spüren, wie die Tatsache, dass wir uns an Vergnügen festklammern, mit der Furcht einhergeht, es zu verlieren. Wir erfahren, wie das Verurteilen und Zurückweisen unangenehmer Dinge den Stress sogar noch vermehrt. Uns wird klar, dass Erfüllung nur jetzt zu finden ist.

In der Meditation kultivieren wir einen größeren Raum, in dem genügend Platz ist für Vergnügen, Schmerz, Freude und Traurigkeit. Es ist ein hellwacher Raum, erwacht aus der Illusion des Anhaftens, der Ablehnung und der Verblendung.

Reflexion: Dualität des Lebens

Niemandem ist es möglich, ausschließlich Glück und Vergnügen zu erfahren. Denken Sie daran in Momenten der Enttäuschung und machen Sie sich klar, dass dies zum Leben gehört. Erinnern Sie sich, dass es heute so ist und morgen wieder anders.

Meditation: Unbehagen

Setzen Sie sich in einem Augenblick des Unbehagens hin.
Lenken Sie sich nicht von der Realität Ihres Gefühls ab.
Spüren Sie es in Ihrem Körper und atmen Sie in es hinein.
Bleiben Sie bei dem Gefühl, lernen Sie es kennen und umarmen Sie es.
Es ist Teil unseres Menschseins.
Richten Sie Ihre Aufmerksamkeit auf den größeren Raum.
Lassen Sie diesen Raum Ihr Unbehagen tragen.
Atmen Sie mit dem, was Sie fühlen, und öffnen Sie sich für die Ganzheit des Lebens.

Konzepte und Wirklichkeit

Narren verwerfen das, was sie sehen, nicht das, was sie denken.
Weise verwerfen das, was sie denken, nicht das, was sie sehen.

Huang-Po

Es liegt in der Natur des Geistes, Dinge in Begriffe und Konzepte zu fassen. Der Geist sucht nach Bezugspunkten, indem er das Jetzt mit der Vergangenheit vergleicht. Konzepte zu bilden ist notwendig zum Leben. Es ermöglicht uns, über Äpfel zu sprechen, obwohl kein Apfel vorhanden ist. Verwirrung entsteht jedoch, wenn wir vergessen, dass diese Konzepte nicht die Wirklichkeit sind.

Begriffe und Konzepte vermitteln uns den Eindruck, die Kontrolle zu haben. Dennoch: Kein Konzept kann die Wirklichkeit umfassen. Wirklichkeit ist das, was wir unmittelbar erfahren, und das ist nicht dasselbe wie ein Konzept. Die Wirklichkeit, der Augenblick, ist stets reicher und kann nicht in einem Konzept enthalten sein. Ganz einfach ausgedrückt: Die Erinnerung oder die Vorstellung von einem Apfel ist nicht der Apfel.

Eben dadurch, dass wir alles in Konzepte fassen, verlieren wir den Kontakt mit der Realität. Es ist eine Form der Verblendung, eine der drei subtilen Gewohnheiten des Geistes, die uns daran hindert, Wertschätzung und Glück hier und jetzt zu erfahren.

Je mehr wir auf Konzepte und Gedanken zurückgreifen, umso weniger erfahren wir und umso weniger können wir etwas genießen. Weil wir in einer Welt der Begriffe und fest gefügten Vorstellungen leben, herrschen Starrheit, Langeweile und Ruhelosigkeit vor.

Reflexion: Genießen

Bin ich fähig, mir selbst zu erlauben, die nächste Erfahrung zu genießen?

Meditation: Aufmerksamkeit mit dem Anfänger-Geist

Nehmen Sie einen Apfel in die Hand.
Schließen Sie die Augen.
Richten Sie Ihre Aufmerksamkeit auf den Apfel, während Sie die Augen geschlossen halten.
Spüren Sie den Apfel, untersuchen Sie seine Form, sein Gewicht und seine Größe.
Riechen Sie daran.
Lassen Sie zu, dass Sie den Duft ganz wahrnehmen.
Nun betrachten Sie ihn, als hätten Sie noch nie zuvor etwas Derartiges gesehen.
Desgleichen probieren Sie nun den Apfel mit einem Anfänger-Geist.
Lassen Sie zu, dass Sie seinen Geschmack vollständig wahrnehmen.
Lassen Sie sich Zeit.
Gönnen Sie sich diese vollständige Erfahrung.

Das, was du über den Apfel denkst,
ist nicht der Apfel.

Das, was du über den anderen denkst,
ist nicht der andere.

Das, was du über dich selbst denkst,
bist nicht du.

Du bist mehr, der andere ist mehr
und der Apfel ist mehr.

Ansichten

Wenn ich mich nicht darauf konzentriere, wie der andere sein soll,
gewähre ich ihm den Raum, das zu sein, was er ist.

C. Feldman

Eine Meinung ist wie ein Konzept. Es definiert ein Stück der Wirklichkeit und wir meinen, es sei die Wirklichkeit. So ist es aber nicht. Keine
Meinung umfasst „die Wahrheit".

Es ist interessant und wichtig zu sehen, wie Meinungen gebildet werden.
Normalerweise sind wir uns dessen nicht bewusst. Denken Sie einmal
darüber nach.

Über wen urteilen Sie?
Wie gut kennen Sie diese Person?

Wenn Sie die betreffende Person erst ein- oder zweimal in Ihrem Leben
gesehen haben, denken Sie daran, dass es sich um Momentaufnahmen
handelt, die das Gedächtnis zu einer bestimmten Zeit gespeichert hat.
Selbst wenn der Eindruck, den dieser Mensch auf Sie gemacht hat, so
ist, dass Sie ihn negativ beurteilen, sollten Sie sich vergegenwärtigen,
dass mehrere Faktoren zu seinem Verhalten beigetragen haben. Vielleicht
hat er nicht besonders gut geschlafen oder gerade einen großen Verlust
erlitten, so dass er sich allein oder einsam fühlte.

Wir alle kennen solche Momente, in denen wir ängstlicher oder gereizter
sind oder leichter automatischen Reaktionen nachgeben als sonst. Zu
anderen Zeiten wiederum sind wir friedlich und entspannt. Es kommt
vor, dass wir Dinge tun, die wir unter normalen Umständen, in einem
klaren Moment, nicht täten. Darum sollten wir uns davor hüten, uns
Meinungen zu bilden.

Die Geschichte, die wir erschaffen, ist lediglich ein kleiner Teil der
Wirklichkeit. Die Wirklichkeit ändert sich kontinuierlich. Jeder Augen-

blick ist jeweils ganz neu. Wenn wir dies verstehen, sind wir in der Lage, den Augenblick von allen Geschichten zu befreien!

Reflexion: An etwas festhalten

Wen verurteile ich immer noch nach Jahren?
An welcher Geschichte halte ich fest?
Kann ich den anderen von meiner Geschichte befreien?

Meditation: Meinungen

Lenken Sie Ihr Gewahrsein auf Ihren Atem.
Seien Sie aufmerksam, wenn vermeintlich feste Meinungen aufsteigen.
Wie fühlt sich der Körper dann? Angespannt?
Je mehr Sie festhalten, desto mehr Anspannung erfahren Sie.
Lächeln Sie ihr zu.
Kehren Sie zur Einfachheit des Seins zurück.

Nach Beständigkeit suchen

Mitunter haben wir das Gefühl, wir hätten lieber einen festen Standpunkt einnehmen und uns daran halten sollen. Wir denken: „Diese ideologische, philosophische, wissenschaftliche oder religiöse Aussage über die Wirklichkeit bietet mir genügend Stabilität, also vertraue ich darauf." Wir beginnen zu glauben. Es gibt uns scheinbar Sicherheit, zumindest zeitweilig.

Früher oder später gelangen wir jedoch zu dem Schluss, dass die Realität nicht vollständig in unser Modell passt. Es kommt zu einer Krise, die wir nicht einordnen können. Daraufhin beginnen wir, nach einer anderen Erklärung zu suchen. Gott existiert oder er existiert nicht. Das Schicksal existiert oder es existiert nicht. Das Selbst existiert oder es existiert nicht.

Wir suchen nach festem Boden. Meinungen und Vorstellungen vermitteln uns die Illusion, festen Boden unter den Füßen zu haben. Früher oder später wird jedoch jede Meinung mit einem ihr zuwiderlaufenden Konzept konfrontiert. Das erzeugt Zweifel, Verwirrung, Unsicherheit und Furcht.

Überdies versuchen wir beharrlich, an starren Vorstellungen und Ansichten festzuhalten, und das führt zu Konflikten. Wir wollen unsere Vorstellungen verteidigen, was durch Ablehnung und Anhaften unsere Gewohnheitsmuster verstärkt. Wenn wir an einem Standpunkt festhalten, sehen wir nicht mehr, was hier, in dieser Situation, ist. Unser Anfänger-Geist geht verloren und wir sind nicht in der Lage, die Gesamtheit dieses einzigartigen Augenblicks zu sehen. Wir versinken in unserer Verblendung.

Sie könnten einmal das Experiment durchführen, Ihrem Kollegen oder Partner zuzuhören, ohne zuzustimmen oder nicht zuzustimmen. Achten Sie einmal darauf, wie viel allein einfaches Zuhören schon erfordert …

Denken Sie daran, dass Ansichten relativ sind. Sie können natürlich einen Standpunkt haben, aber nehmen Sie ihn nicht persönlich. Vielleicht möchten Sie die Fragen im Kapitel „Der Einfluss der Gedanken auf die Stimmung" untersuchen, um zu einer umfassenderen und objektiveren Perspektive zu gelangen.

Uns in dem, was ist, verankern

Das Einzige, was sich nicht wandelt,
ist die Tatsache, dass alles sich wandelt.

Sie werden sich vielleicht fragen, ob in einer Welt, in der sich Standpunkte, wissenschaftliche Beweise und Theorien fortwährend wandeln, etwas Beständiges enthalten ist.

Existiert inmitten all dieser Veränderungen irgendetwas Beständiges? – Ja! Wir bezeichnen es als den gegenwärtigen Augenblick – der Augenblick in seiner einzigartigen Fülle, seinem Wandel, seiner Ursprünglichkeit und seiner Überraschung.

Die Herausforderung besteht hier darin, auf den gegenwärtigen Augenblick zu vertrauen. Das ist nicht leicht, denn wir haben gelernt, dass wir am besten für uns sorgen, indem wir uns permanent auf die Zukunft vorbereiten. Wir haben das, was war, vorausgeplant und studiert. Wir suchten nach Beständigkeit, indem wir uns selbst weismachten, dass die Vergangenheit der Gegenwart gleichkäme.

Nur dieser Augenblick

Wissen sagt, was war.
Achtsamkeit in diesem Augenblick zeigt, was ist.

Klar zu sehen bedeutet, die Wirklichkeit dieses Augenblicks zu sehen. Es ist daher wichtig, festgefügte Vorstellungen und Ansichten loszulassen. Konzepte, Ansichten und Wissen sagen etwas darüber aus, was war. Nur dieses Augenblicks gewahr zu sein zeigt, was ist.

Indem wir Gewahrsein kultivieren, relativieren wir tendenziell unsere Ansichten und werden weniger von der Welt der Konzepte bestimmt. Wir erkennen, dass alles sich wandelt. In diesem Moment sind unendlich viele neue Erfahrungen möglich. Dazu ist nichts weiter erforderlich, als still zu werden und hinzuhören. Hinhören bedeutet, die eigene Voreingenommenheit loszulassen: unsere Ansichten und Ideale.

Wenn Sie sich als Elternteil darauf konzentrieren, wie erfolgreich Ihr Kind sein soll, sind Sie nicht in der Lage, auf sein oder ihr emotionales Leid zu hören. Sie sind nicht präsent für Ihr Kind. Still zu werden und wirklich intensiv hinzuhören ist ein Akt des Mitgefühls. Es ermöglicht uns ein tiefes Verständnis.

Ein tiefes Verständnis meint eher, eine umfassendere Intelligenz zu entwickeln, als nur intellektuell zu sein. Es erfordert Gewahrsein. Es heißt, dem zuzuhören, was hier und jetzt, in diesem Moment, ist. Es erfordert klares Gegenwärtigsein und Vertrauen auf das „Nicht-Wissen". Es ermöglicht eine klare Antwort.

Reflexion: Vertrauen

Worauf kann ich vertrauen?
Wo kann ich Beständigkeit finden?

Meditation: Ruhen in dem, was ist

Setzen Sie sich hin und schließen Sie die Augen.
Spüren Sie Ihren Atem und Ihren Körper.
Öffnen Sie sich für das, was hier ist.
Wenn Sorgen da sind, erlauben Sie den Sorgen, hier zu sein.
Wenn Lärm da ist, erlauben Sie dem Lärm, hier zu sein.
Wenn Frieden da ist, erlauben Sie dem Frieden, hier zu sein.
Benennen Sie Ihre Erfahrung ehrlich: Sorgen oder Lärm oder Frieden…
Das Benennen hilft Ihnen dabei, die Wirklichkeit des Augenblicks voll
zu erfahren.
Erlauben Sie sich, diesen Augenblick voll zu erfahren. Es gibt kein anderes Ziel.
Entspannen Sie sich in der Realität dieses Augenblicks, ohne sich ablenken
zu lassen und ohne zu urteilen.
Gewahrsein ist nicht darauf aus, eine größere oder kleinere Erfahrung
zu machen.

Wie wird das Wetter?

Das Wetter, das ich gerne hätte

Woher weißt du, dass du das Wetter
erhältst, was du dir wünschst?

Als mir klar geworden war, dass ich nicht immer bekommen
konnte, was ich wollte, lernte ich,
das zu wollen, was ich erhielt.

Heilsame Absicht

Glück ist jetzt hier oder nirgendwo.

Die Suche nach Glück

Der Umstand, dass unangenehme Gefühle vorhanden sind, vermittelt uns ständig den Eindruck, etwas zu versäumen. Wir suchen nach etwas Besserem, irgendwo anders. Mitunter meinen wir, wir müssten es nur etwas energischer versuchen oder einfach etwas intensiver nachdenken. Wenn wir uns nur genug bemühten, würden wir das Glück schon finden. Unser ganzes Leben lang nimmt uns das „noch etwas mehr tun" in Beschlag, organisieren wir hier noch eine Sache und versuchen dort, etwas anderes zu erreichen.

Wir realisieren, dass manche Dinge jenseits unserer Kontrolle sind. Darum verstärken wir unsere Bemühungen sogar noch, denn wir haben das Gefühl, es müsse einfach möglich sein. Doch so sehr wir uns auch bemühen, es funktioniert anscheinend nicht. Wir machen weiterhin unangenehme Erfahrungen.

Solange unser Gewahrsein nach außen gerichtet ist, werden wir weiterhin etwas Herbeisehnen und uns durch den fortwährenden Drang strapazieren, Angenehmes festzuhalten oder zu versuchen, es zu erlangen, und zu versuchen, Unangenehmes zu meiden oder es zu bekämpfen. Wir haben eine komplette „To-do"-Liste. Leider wächst diese Liste immer weiter an.

Wenn wir weiterhin nach etwas streben, bleibt wenig Raum für Entspannung. Entspannung tritt nur dann ein, wenn wir einfach im Hier bleiben können und nicht versuchen, den gegenwärtigen Augenblick zu verbessern. Dies geschieht während der Meditation. Meditation bedeutet, das Gewahrsein nach innen zu richten und zu sehen, was in unserem Geist und unserem Körper vor sich geht. Es ist eine Gelegenheit, die Ursache für Duhkha zu erkennen und dafür zu sorgen, dass es keine Kontrolle mehr über uns hat.

Es ist alles hier

Nicht mehr suchen

Glück findet sich nicht mit dem Willen
oder durch große Anstrengung.
Es ist immer schon da, vollkommen und vollendet,
im Entspannen und Loslassen.

Beunruhige dich nicht. Es gibt nichts zu tun.

Was im Geist erscheint, hat keinerlei Bedeutung,
weil es keine Wirklichkeit besitzt.
Halte an nichts fest. Bewerte nicht.
Lass das Spiel von selbst ablaufen,
entstehen und vergehen, ohne irgendetwas zu ändern.
Alles löst sich auf und beginnt wieder von neuem,
unaufhörlich.

Allein dein Suchen nach Glück hindert dich, es zu sehen

– wie bei einem Regenbogen, den man verfolgt,
ohne ihn je zu erreichen – weil das Glück nicht existiert
und doch immer schon da war und dich jeden Moment begleitet.

Glaube nicht, gute oder schlechte Erfahrungen
seien wirklich. Sie sind wie Regenbögen.

Im Erlangenwollen des nicht zu Fassenden
erschöpfst du dich vergeblich.
Sobald du dieses Verlangen loslässt,
ist Raum da – offen, einladend und wohltuend.

Also nutze ihn. Alles ist bereits da für dich.

Wozu im undurchdringlichen Dschungel den Elefanten suchen,
der schon ruhig zu Hause ist?

Nichts tun,

nichts erzwingen,

nichts wollen –

und alles geschieht von selbst.

Lama Gendün Rinpoche [3]

Es ist alles hier

3 Gendün Rinpoche: *Herzensunterweisungen eines Mahamudra-Meisters.* Berlin: Theseus 1999, (Übersetzung ins Deutsche: Lama Sönam Lhündrub, Lama Tashi Öser, Sherap Künsang), S. 138 f.

Realistisch sein

Wenn wir davon ausgehen, es sei möglich, nur Freude und Vergnügen zu empfinden, wird unsere Suche mit Frustration und Ruhelosigkeit einhergehen. Es scheint, als hätten wir tatsächlich keinen Erfolg. Darum bezeichnen wir diese Absicht als unheilsam. Sie ist nicht realistisch. Die Ursache liegt in „unheilsamem Verständnis".

> Wenn wir uns darauf konzentrieren,
> ausschließlich Glück und Vergnügen zu erfahren,
> kommt es zu Ruhelosigkeit.
> Diese unheilsame Absicht beruht nicht auf einer klaren Sicht
> der Realität, wie sie ist.

Absichten, die auf automatischen Reaktionen beruhen, versuchen, unsere Erfahrung zu kontrollieren. Dies ist jedoch eine Ursache für Leiden. Es aktiviert ein ruheloses „Denken und Tun", das den „Jetzt-Moment" permanent bekämpft. Es ist jener geistige Zustand, der uns anfällig für Depressionen macht. Der Versuch, etwas zu kontrollieren, festzuhalten oder zu vermeiden, bürdet uns zusätzliches Leiden auf. Wie es im Sprichwort heißt: „Alles, dem du dich widersetzt, bleibt bestehen!"

Es geht darum, dass wir uns mit unseren auf automatischen Reaktionen beruhenden Absichten vertraut machen und unser Bestreben erkennen, einige Dinge anzuziehen und andere auf Distanz zu halten.

Wenn Sie Meditation einsetzen, um Spannung „auszublasen" oder um Entspannung zu finden, sind Sie zwanghaft beschäftigt. Sie verlieren die Freiheit, zu sein.

Ganz hier sein

Entspannung stellt sich ein,
wenn ich dem, was da ist,
Raum zugestehe.
Vermag ich Spannung zuzulassen,
wird sich Entspannung einstellen.

Die Motivation, Glück und Frieden zu erfahren, kann heilsam werden,
wenn wir bereit sind, die Realität des Lebens in ihrer Gesamtheit zu
sehen. Dies bedeutet: bereit sein zu sehen, dass die Welt sowohl Leiden
als auch Glück umfasst, sowohl Schmerz als auch Vergnügen.

Wenn wir in der Lage sind zu sehen, dass Leiden vorhanden ist, dass es
eine Ursache für Leiden gibt und dass eine Möglichkeit besteht, frei von
Leiden zu werden, dann ist „heilsames Verständnis" gegeben. Heilsame
Absichten folgen aus heilsamem Verständnis.

In der Meditation gibt es keine Absicht außer der, völlig hier zu sein,
sei es für Freude oder Leid. Sie können nicht vollständig im Hier sein
und gleichzeitig etwas für später planen. Sie sind nicht ganz im Jetzt,
wenn Sie von Wünschen oder Kampf, Anhaften oder Ablehnung vereinnahmt werden. Es ist nichts weiter erforderlich als das Beobachten
der Bewegungen des Geistes.

Und Sie sind der Einzige, der dies zu tun vermag. Sie beobachten
diese Bewegungen, ohne irgendetwas zu tun. Wir bezeichnen dies als
„Nicht-Tun". Dies bedeutet, Sie werden nicht emotional oder geistig
auf das reagieren, was schon da ist. Sie fügen nicht das Geringste hinzu.
Sie versuchen nicht, an etwas festzuhalten oder etwas zurückzuweisen.
Wenn es doch zu irgendeinem Festhalten oder Zurückweisen kommt,
dann beobachten Sie es nur. Dies bringt Sie zur Vollständigkeit des Seins
zurück.

Langsamer werden

Wer bin ich, wenn ich in Eile bin?

Das Tempo des Lebens nimmt offenbar zu. Alles wird schneller. Leider sind auch unsere Erwartungen gestiegen. Es soll nicht heute getan werden; es hätte bereits gestern getan werden sollen.

In dieser Hast kommen wir uns selbst abhanden. Wir greifen auf Anhaften und Ablehnung zurück, um alles zu bewältigen. Wir sind „jetzt" hart uns selbst gegenüber, in der Hoffnung, „später" glücklich zu sein. Uns bleibt kein Raum mehr für Entspannung und Freundschaft.

Letztendlich haben wir jedoch nur diesen Augenblick. Die Vergangenheit ist lediglich eine Erinnerung, die Zukunft nur eine Vorstellung. Darum streben wir danach, in jedem Augenblick Respekt und Gewahrsein zu kultivieren und wachsam gegenüber Anhaften, Ablehnung und Verblendung zu sein.

Reflexion: Vertrauen finden, um sich zu entspannen

Was ist erforderlich?
Wo kann ich Frieden finden?
Reflexion: Langsamer werden
Gibt es in meinem Leben Raum für Stille?
Gibt es in meinem Leben Raum für ein Lächeln?
Gibt es in meinem Leben Raum für Freundschaft?

Meditation: Nur jetzt

Setzen Sie sich mit geöffneten Augen hin.
Atmen Sie einmal ein und aus.
Lassen Sie die Sorgen des Tages von sich abfallen.
Wenn sie sich dennoch weiterhin bemerkbar machen, sagen Sie „später".
Tun Sie nichts Besonderes und entspannen Sie sich in der Fülle des Jetzt.
Sehen, riechen, schmecken, fühlen und hören Sie.
Einfach dieser Augenblick.
Lassen Sie nur Sehen im Sehen sein.
Lassen Sie nur Riechen im Riechen sein.
Lassen Sie nur Schmecken im Schmecken sein.
Lassen Sie nur Fühlen im Fühlen sein.
Lassen Sie nur Hören im Hören sein.

Eine Atempause einlegen

Es gibt keinen Weg zum Frieden, Frieden ist der Weg.

Um zu vermeiden, dass wir uns in den Wellen des Denkens und des Tuns verlieren, ist es hilfreich, in regelmäßigen Abständen eine Atempause zu machen. Eine Pause hilft dabei, vollständig im „Jetzt" zu sein. Es heißt einfach innezuhalten, zu atmen und gewahr zu sein. Wir nehmen uns Zeit, zu „sein" und uns mit der Wirklichkeit des Augenblicks zu entspannen.

Es heißt innezuhalten, zu atmen und gewahr zu sein.

Das Wissen, dass wir nur diesen Moment haben und für die Qualität dieses Moments verantwortlich sind, kann uns motivieren, Atempausen in unseren Tag einzubauen. Anfangs genügen mehrmals am Tag ein paar Minuten. Sie müssen sich davon lösen, auf ein Ziel hin ausgerichtet zu sein. Bewusstes Atmen wird zu einem Anker. Es wird mit zunehmender Praxis leichter werden.

Meditation: Eine Atempause

Innehalten, atmen und gewahr sein.

Da ist der Atem.
Wir lassen zu, dass der Atem sich selbst atmet.
Da sind Gedanken.
Wir lassen sie zu und lassen sie sein.
Da sind Gefühle.
Wir lassen sie zu und lassen sie sein.
Da sind körperliche Empfindungen.
Wir lassen sie zu und lassen sie sein.
Selbst nach einer formellen Atempause bleiben wir achtsam.

Meditation beginnt damit, zu erkennen, was hier ist.
Wir richten unser Gewahrsein nach innen und sehen, was hier und jetzt ist.
Wir wenden unserem Atem, unseren Gedanken, Emotionen, Impulsen und Körperempfindungen nicht urteilendes Gewahrsein zu?

Wir sind aufmerksam, ohne auf das zu reagieren, was sich zeigt.
Wir geben den Impulsen und dem „Inhalt" der aufkommenden Gedanken nicht nach.
Wir erlauben, den Empfindungen und dem „Prozess" der Gedanken hier zu sein.

Wir gewähren Raum und entspannen uns mit der Realität dieses Augenblicks.
Wir fühlen, was zu fühlen da ist.
Wir bewahren dabei eine freundliche Haltung.
Wir heißen die Gegenwart so, wie sie ist, sanft willkommen.

Die drei Absichten

3 E: Erkennen – sich enthalten – entspannen

Erkennen
Wir erkennen, was da ist: der Stress oder die Anspannung, in der wir gefangen sind. Es zu erkennen lässt uns innehalten. Zudem ermöglicht es uns, dass wir uns auf unsere tiefere Erfahrung konzentrieren: unseren Atem, unsere Gedanken und Gefühle.

Sich enthalten
Wir betrachten unsere Erfahrung eingehender, während wir in unserem Atem verankert bleiben. Wir enthalten uns jeglicher Reaktion und beurteilen die Erfahrung nicht. Nur wenn wir in der Lage sind, zu schauen, ohne zu urteilen, können wir die Realität wirklich sehen.

Entspannen
Öffnen Sie sich und entspannen Sie sich für das, was gerade geschieht – es ist ohnehin da. Dagegen anzukämpfen erzeugt mehr Anspannung. Sie lassen das zu, was gegenwärtig ist, und Sie gewähren ihm Raum. Atmen hilft Ihnen dabei, hier zu sein und sich tiefer mit der Wirklichkeit des Augenblicks zu entspannen. Sie fühlen, was zu fühlen da ist, und Sie lassen es so sein.

Atempausen in Stresssituationen

Wie viel Stress erleben Sie in Ihrem Auto? Wie nehmen Sie eine rote Ampel wahr, wenn Sie es eilig haben? Welche Gefühle haben Sie in Bezug auf die anderen Fahrer?

Im Verkehr neigen wir häufig zu automatischen und defensiven Reaktionen. Wir empfinden rote Ampeln als eine Bedrohung für den reibungslosen Ablauf des Tages. Andere Autos sind anonyme Hindernisse, die „meinen" Weg versperren.

Was geschieht, wenn Sie plötzlich von jemandem von der Straße abgedrängt werden? Empfinden Sie Zorn oder sind Sie noch längere Zeit zornig, selbst wenn der andere schon meilenweit entfernt ist?

Das ist weder interessant noch gesund. Jeder Moment, den Sie zu gewinnen versuchen, ist ein verlorener Moment.

Stress im Verkehr ist ganz real und universal, und doch unnötig. Eine rote Ampel kann zum Beispiel eine Einladung zu einer Atempause sein. Auf diese Weise wird ein Stressfaktor zu einer Gelegenheit, stressfrei zu werden.

Kapitel 1

Zwei magische Fragen

Wenn Sie von Zorn und Empörung erfasst werden, können Sie sich zwei Fragen stellen:

• Was ist jetzt hier?
• Kann ich zulassen, dass ich dies fühle?

Die erste Frage ist eine Einladung, zu „erkennen", was sich in Ihrer Erfahrung und in Ihrem Körper zeigt. Sie halten inne, werden still und sehen hin. Sobald Sie es erkannt haben, benennen Sie das Gefühl freundlich.

Die zweite Frage ist eine Einladung, die Beziehung zur eigenen Erfahrung anzuschauen. In der Mehrzahl der Fälle besteht eine Abneigung dagegen. Diese Abneigung wird von Ihren (Vor-)Urteilen gegenüber der Person, die daran beteiligt ist, genährt.

Diese Fragen fordern dazu auf, das Gewahrsein der eigenen inneren Erfahrung zuzuwenden. Dadurch, dass wir unser Gewahrsein auf uns selbst richten, bewerten wir die Situation nicht mehr. Dies beendet den Prozess, in dessen Verlauf weiterer Stress aufgebaut wird.

Die einfache Frage, „kann ich mir selbst erlauben, dies zu fühlen?", beruhigt die Beziehung zu dem, was Sie fühlen. Atem ist ein Anker.

Dazu ist nichts weiter erforderlich als freundliches Gewahrsein gegenüber dem, was sich in Ihrer Erfahrung zeigt.

Mögen meine Worte

wie Blumen sein!

Thich Nhat Hanh

Heilsame Rede

Die Macht der Sprache

Der Sprache kommt eine enorme Macht zu. Ein Wort kann Himmel oder Hölle erschaffen. Während einer emotionalen Erfahrung werden unsere Worte von Gedanken und Gefühlen bestimmt, die wir in dem Moment haben. Ohne das erforderliche Gewahrsein lassen wir lediglich Dampf ab, richten viel Schaden an und es ist keine Kommunikation möglich.

Vom automatischen Reagieren zum Antworten

Wenn wir von Zorn überwältigt werden, sind unsere Worte mit großer Wahrscheinlichkeit unfreundlich, unangemessen und grob. Was wir sagen wollen, stößt auf taube Ohren, und es kommt zu noch mehr Konflikten. Wir sind zum Sklaven unserer Impulse und Emotionen geworden. Es ist wichtig, mit unseren Absichten und der Wirkung, die unsere Worte auf andere haben können, beiseite zu treten. Es ist ein Aufruf, innezuhalten, zu atmen und aufmerksam zu sein.

Frei sein

Wenn wir bei einem Konflikt automatisch zornig werden, haben wir unseren inneren Frieden verloren. Eine Atempause hilft uns, still zu sein und zu beobachten, was geschieht. Wir können dann unsere Absichten erkunden und unsere innere Freiheit zurückgewinnen.

Wahre Freiheit ist unabhängig von dem, was andere sagen, und kann nicht von Situationen eingeschränkt werden. Freiheit ist eine innere Weite, in der es möglich ist, Frieden in allen Situationen zu bewahren. Freiheit bedeutet, fähig zu sein, auf die Herausforderungen des Lebens zu antworten und nicht nur auf sie zu reagieren.

Die Freiheit,

nicht nur zu reagieren,

sondern wirklich zu antworten…

…erfordert eine Atempause…

Die Atempause in der Kommunikation

3 E: erkennen – sich enthalten – entspannen

Sobald Sie merken, dass Sie angespannt oder ärgerlich sind, ist es sinnvoll, eine Atempause einzulegen. Das bedeutet innezuhalten, zu atmen und dem, was im Augenblick ist, nicht urteilende Aufmerksamkeit, frei von automatischen Reaktionen, zuzuwenden. Sie erkennen, was hier ist, enthalten sich jeglicher Reaktion und entspannen sich mit dem, was im Augenblick ist. Sie betrachten es mit Freundlichkeit und Mitgefühl. Dies bildet die Grundlage für jede Meditationspraxis, unabhängig davon, wie lang sie ist.

Es ist der erste notwendige Schritt, klar denken und heilsam handeln zu können. Ist Ihnen jemals aufgefallen, dass es sehr schwierig ist, etwas einzusehen und zu verstehen, wenn Sie völlig von Zorn übermannt werden? Unser Denken gerät in Verwirrung. Darum besteht der erste Schritt darin, zu erkennen, was ist – ohne zu urteilen –, und dem Raum zu gewähren. Das ist wesentlich, um die Situation deutlich zu sehen. Man könnte es mit trübem Wasser vergleichen, das die Gelegenheit erhält, sich zu klären, indem es unbewegt bleibt.

2 A: abwägen – antworten

Sobald wir die Emotion in einem freundlichen Raum erfahren, können wir den ersten Schritt in Richtung eines lösungsorientierten Ansatzes tun. Es ist der Raum des EEE, der es ermöglicht, abzuwägen und dem Hier und Jetzt weise zu antworten. Solange wir die Emotion nicht erkennen bzw. anerkennen, wird das, was wir wahrnehmen und tun, stark von unseren Gefühlen beeinflusst, und das wird dem Jetzt-Moment nur in seltenen Fällen zugute kommen. Wie der Buddha es ausdrückte: „Wie kann der Mensch jemals etwas wissen, wenn er so sehr damit beschäftigt ist zu denken?"

Da wir mit der inneren Stille verbunden sind, können wir eine Frage ohne Erwartungen fallen lassen. Wir lassen zu, dass die Antwort sich auf natürliche Weise entwickelt; davon ausgehend können wir auf die Situation antworten.

Zorn in der Kommunikation

> Reagieren wir auf Zorn mit Zorn,
> erzeugen wir noch mehr Zorn.
>
> Buddha

> Wer die rechte Rede beherrscht, erzürnt niemanden,
> und spricht doch stets die Wahrheit.
> Seine Worte sind klar, aber niemals grob.
> Er wird niemals herabgesetzt und setzt niemanden herab.
>
> Buddha

Erkennen

Ich atme ein und ich weiß, dass Zorn da ist.

Wir können völlig von Zorn übermannt sein, ohne dass es uns bewusst ist. Gewahrsein hilft uns, aus dieser „Trance" zu erwachen. Gewahrsein vermittelt uns die Klarheit, in Kontakt mit der Realität zu bleiben. Es ist offen und ehrlich. Es ist die sanfte Stimme, die sieht und sagt: „Hey, da ist Zorn!"

Der erste Schritt besteht darin, den körperlichen und geistigen Impuls, emotional zu reagieren, zu erkennen. Dieser Impuls resultiert in Anspannung, Unbehagen und dem Verlangen, zornig zu werden und vielleicht sogar zu fluchen. Solange Sie sich dessen nicht bewusst sind, wird er Sie weiterhin überwältigen und kontrollieren.

Das, was wir erkennen, variiert zunächst. Mitunter erkennen wir den Impuls, grob zu reagieren. Dann wieder ist es der Klang unserer Stimme oder unsere Art und Weise zu sprechen, die uns „aufwachen" lassen. Es besteht keine Notwendigkeit, sich an diesem Punkt selbst zu beurteilen. Wir können uns nun für etwas anderes entscheiden.

Sich enthalten

Ich atme ein, beobachte und gebe dem Impuls,
zu urteilen, nicht nach.

Nun, da Ihnen dies bewusst ist, können Sie sich entscheiden, nicht nachzugeben. Sie unterlassen es, auf Impulse oder andere Reaktionen einzugehen. Sie geben aufkommenden Gedanken nicht nach. Weder werden Sie sofort aktiv, noch versuchen Sie, irgendetwas zu lösen.

Wissenschaftliche Studien haben ergeben, dass nach dem Erkennen eines Impulses eine Viertelsekunde vergeht, bevor die Handlung ausgeführt wird. Dies ist die Zeit, die zur Verfügung steht, um nicht nachzugeben. Wir bezeichnen sie als die magische Viertelsekunde. Nicht nachzugeben erfordert aktive Beteiligung und ein gewisses Maß an Energie. Ihr Gewahrsein kann in Ihrem Atem stabil werden.

Bisweilen werden Sie feststellen, dass Sie die zornvolle Absicht Ihrer Worte oder Handlungen zwar erkannt haben, aber dennoch immer noch von ihnen mitgerissen werden. Sie brauchen dies nicht als Schwäche zu interpretieren. Ihre Fähigkeit, nicht nachzugeben, wird mit zunehmender Praxis der Achtsamkeitsmeditation wachsen.

Nicht nachzugeben bedeutet nicht, dass Sie nun Ihren Zorn unterdrücken sollen, im Gegenteil: Der Emotion wird im nächsten Schritt Ihr volles meditatives Gewahrsein zuteil. Sie atmen weiterhin ein und geben Ihrem Gefühl Raum.

Entspannen

Ich atme ein und gebe meinem Zorn Raum.

Hier lassen Sie dem Gefühl selbst sanftes Gewahrsein zuteil werden. Sie atmen mit der Verkrampfung ein und geben dem, was erfahren wird, Raum. Lassen Sie zu, dass es da ist, und versuchen Sie sich mit der Tatsache, dass Sie wütend sind, zu entspannen.

Sie möchten es vielleicht mit dem Wort „Zorn" bezeichnen. Wenn ein enormer geistiger Druck Sie weiterhin beherrscht, benennen Sie es als „Druck" oder „obsessiven Gedanken" oder „Meinung".

Es erfordert liebevolle Güte und Mut, um ganz bei dem zu bleiben, was sich zeigt, ohne irgendetwas zu bewerten. Diese beiden Eigenschaften, liebevolle Güte und Mut, werden zusammen kultiviert.

Räumen Sie dieser Phase genügend Zeit ein, bis sich ein endgültiges „Einverstanden-Sein" mit dem, was erfahren wird, einstellt. Sie hören und akzeptieren das, was sich zeigt, ohne den Inhalten und den Geschichten zuzustimmen, die Schuld und Sühne beinhalten. Es ist ein Sich-Entspannen mit dem, was ist. Wir nennen dies „zulassen und da sein lassen". Es ist ganz einfach: Ohne Akzeptanz wird Zorn Sie wütend machen. Entspannung kann sich nur dann einstellen, wenn wir die Dinge da sein lassen – sogar Dinge wie Anspannung.

Mit zunehmender Praxis werden Sie in der Lage sein, sich bei unangenehmen Erfahrungen zu entspannen. In diesem Stadium ist unsere Wahrnehmung nicht mehr emotional getrübt. Dieser Raum ist es, der uns erlaubt, mit Weisheit auf eine Situation zu antworten.

Abwägen

Ich atme ein und suche nach der Handlung, die am sinnvollsten ist.

Die vorhergehenden Schritte dienten im Wesentlichen der Vorbereitung dieses Schritts. Ohne diese Vorbereitung würden Sie eher auf die Situation reagieren, statt wirklich auf sie zu antworten.

Die 3E-Atempause versetzt Sie in die Lage, von einer Perspektive des Reagierens zu einer unmittelbaren Erfahrung überzugehen. Sie eröffnet Raum, um zuzuhören und freundlich zu antworten.

Heilsame Rede ist sehr viel leichter, wenn wir zuerst zuhören. Wir können zuhören, wenn wir unsere Meinungen und Impulse, zu sprechen, loszulassen vermögen. Zuhören versetzt uns in die Lage, besser zu verstehen, und nur wenn Sie in der Lage sind, die ganze Realität zu hören, können Sie kommunizieren, ohne ihr etliche Mutmaßungen hinzuzufügen.

Haben Sie erst einmal zugehört und die tiefere Stille in Ihnen berührt, können Sie erforschen, welches der beste Weg ist, mit der Situation umzugehen. Werden Sie still und lauschen Sie auf die Antwort in Ihrem Inneren. Es ist eine meditative Reflexion. Sie wenden diesem Moment Ihre Aufmerksamkeit zu und sinnen über Ihre Wünsche und Absichten nach.

Folgende Fragen können wir uns stellen:
• Ist dies der richtige Moment, um zu sprechen?
• Kann ich besser zuhören?
• Ruft das, was ich sage, mehr Unbehagen und Konflikte hervor?
• Kann ich Frieden und Verständnis kommunizieren?

Antworten

Ich atme ein und ich antworte auf die Situation.

Was Sie sagen oder tun, ist immer eine Antwort auf eine Situation oder ein Gefühl. Denken Sie über Ihre Absicht nach, wenn Sie sprechen wollen, und fragen Sie sich selbst: Will ich jemanden herabsetzen, jemandem ein schlechtes Gefühl vermitteln oder will ich meinem Ärger Luft machen? Dann ist es besser zu schweigen. Zu einem späteren Zeitpunkt können Sie das mitteilen, was Ihnen wichtig erscheint.

Lassen Sie Ihre Antwort der Freundlichkeit Ihrer meditativen Ruhe entspringen. Mit einem freundlichen Ton und einer hilfsbereiten Absicht kann alles gesagt werden. Solange Sie von einer Emotion vereinnahmt werden, ist es besser, bei den ersten drei Schritten zu bleiben.

Achten Sie darauf, was Sie sagen: Prüfen Sie, ob ein Konflikt besteht zwischen dem, was Sie sagen, und dem, was Sie wirklich erreichen möchten. Wollen Sie Recht haben oder wollen Sie glücklich sein? Vielleicht ist da etwas, das Sie in Ihren Gedanken oder Gefühlen nicht erkannt haben.

Kann ich die ganze Wahrheit

aussprechen, ohne herzlos zu sein?

Jack Kornfield

Wenn es deine Absicht ist, glücklich zu sein,
mach dir Folgendes klar:
Bevor du einem anderen eine innere Hölle bereitest,
schaffst du eine Hölle in dir selbst!

Interpretationen und Vermutungen

Wenn ich interpretiere,
sehe ich, was war, und nicht, was ist.

Zuhören gibt uns die Gelegenheit, unsere Interpretationen zu untersuchen. Es heißt, wir würden das, was wir wahrnehmen, ebenso interpretieren wie ein Blinder, der einen Elefanten berührt. Ein Blinder, der den Schwanz des Elefanten berührt, wird ihn anders beschreiben als ein Blinder, der nur das Bein oder den Bauch des Elefanten berührt hat. Jeder Blinde glaubt jedoch, den Elefanten mit seiner Beschreibung definieren zu können.

Denken Sie daran, wenn Sie etwas interpretieren: Es steckt immer noch mehr dahinter. Dies kann Ihnen dabei helfen, andere nicht zu verurteilen und ihnen gegenüber mitfühlend zu sein. Ein erster Schritt in diese Richtung ist es, innezuhalten, einzuatmen und das untersuchende Gewahrsein nach innen zu lenken.

Seien Sie sich der Macht von Klatsch und Gerede bewusst! Unbewusst akzeptieren wir das, was wir hören, als Wahrheit. Es ist wie ein Computer-Virus, der sich ohne unser Wissen installiert und unsere Denkprogramme beeinflusst. Nehmen Sie sich in Acht – so entsteht Massenklatsch, seine Macht ist enorm. Es erfordert wachsames Gewahrsein, sich nicht vom Klatsch mitreißen zu lassen und die Ansichten, die nicht unsere eigenen sind, zu erkennen und loszulassen. Gewahrsein hat die Funktion eines Virenscanners. Dies ist die Macht der meditativen Selbsterforschung und ist nach einiger Übung mit einer Atempause möglich.

Als ich mich wegen eines einmonatigen Kurses in den USA aufhielt, suchte ich die Sekretärin ein- oder zweimal pro Woche auf, um praktische Dinge zu regeln. Ich mochte sie wirklich. Nach ein paar Wochen mochte ich sie plötzlich nicht mehr. Glücklicherweise stellte ich meine Erfahrung infrage. Komisch, dachte ich, die Sekretärin ist doch nicht anders als sonst auch!

Ich hielt inne, atmete ein und untersuchte meine Erfahrung mit forschendem Gewahrsein. Ich spürte etwas Anspannung in meinem Körper. Ich untersuchte meine Gedanken und fand plötzlich eine Reihe von Gedanken, die vorher nicht da gewesen waren. Mir wurde klar, dass ich am Tag zuvor in einer Gruppe gewesen war, die über die Sekretärin getratscht hatte. Unbewusst hatte ich die in der Gruppe geäußerten Meinungen übernommen. Ich hatte das Glück, dies erkennen und loslassen zu können, dank meiner Gewahrseinspraxis.

Wahrhaftig sein

Mitunter nehmen wir an, etwas sei wahr, sind uns jedoch nicht ganz sicher. Wir behaupten aber dennoch, sicher zu sein, und verunglimpfen andere in ihrer Abwesenheit. Der Schaden, den wir auf diese Weise hervorrufen, ist enorm.

Es ist ein radikaler Akt, den Wahrheitsgehalt unserer Worte zu überprüfen. Es erfordert, dass wir innehalten, still werden und unsere Gedanken und Überzeugungen betrachten.

- Blicken Sie tiefer in Ihre Gedanken und Überzeugungen.
- Untersuchen Sie Ihre Absichten.
- Hören Sie gut zu.
- Fragen Sie, ob Sie richtig verstanden haben.

Voraussetzung ist, dass Sie stark in Ihren Werten zentriert sind und sich nicht im Geringsten an Klatsch beteiligen. Wenn Sie jemanden tratschen hören, fragen Sie die betreffende Person einfach: „Wie kannst du das sicher wissen?" Um diese Frage zu stellen, brauchen Sie Mut und Entschlossenheit.

Reflexion: Meine Worte

Wo beschuldige ich andere?
Auf welche Entschuldigung greife ich zurück?
Welche Absicht habe ich?

Die vierte Achtsamkeitsübung

Im Bewusstsein des Leids, das durch unachtsame Rede
und aus der Unfähigkeit, anderen zuzuhören, entsteht,
gelobe ich, liebevolles Sprechen und tief mitfühlendes Zuhören
zu entwickeln, um meinen Mitmenschen Freude und Glück
zu bereiten und ihr Leid lindern zu helfen.
In dem Wissen, dass Worte sowohl Glück als auch Leid
hervorrufen können, gelobe ich, wahrhaftig und einfühlsam reden
zu lernen und Worte zu gebrauchen, die Selbstvertrauen,
Freude und Hoffnung fördern. Ich bin entschlossen, keine
Neuigkeiten zu verbreiten, bevor ich nicht sicher bin, dass sie
der Wahrheit entsprechen, und nichts zu kritisieren oder zu
verurteilen, worüber ich nichts Genaues weiß. Ich will keine Worte
gebrauchen, die Uneinigkeit oder Zwietracht säen oder zum
Zerbrechen von Familien und Gemeinschaften beitragen können.
Ich will mich stets um Versöhnung und um die Lösung
aller Konflikte bemühen, so klein sie auch immer sein mögen.

Thich Nhat Hanh

Alle Weisheit ist hier und jetzt

Nicht automatisch reagieren, sondern kreativ sein.

Oft reagieren wir automatisch auf unsere Empfindungen und auf unsere Emotionen, statt wirklich auf eine Situation einzugehen oder auf das, was wirklich nötig ist, zu antworten. Solche emotionalen Reaktionen sind normalerweise unangemessen. Eine Antwort, die geschickt mit der Einzigartigkeit der gegenwärtigen Situation umgeht, ist kreativ. Eine kreative Antwort erfordert jedoch zuerst eine Atempause.

Eine Atempause hilft uns dabei, uns zurückzulehnen und den emotionalen Bann zu durchbrechen, in dem wir oft gefangen sind.

Um uns aus unserem emotionalen Bann zu befreien, müssen wir zunächst freundliches Gewahrsein auf unsere Emotionen und Empfindungen richten. Wir beobachten auch unsere Motivation und weichen nicht automatisch vor unangenehmen Gefühlen zurück. Wir müssen erkennen, was wirklich gebraucht wird.

Diese Pause ist es, die es uns ermöglicht, den Impuls, automatisch zu reagieren, loszulassen und uns bewusst zu entscheiden. Eine tiefe Bereitschaft und eine geringe Anstrengung sind erforderlich, um zuerst still zu werden und nicht sofort zu reagieren. Wie William es während des Trainings ausdrückte: „Wenn ich bereit bin, zuerst zu meinem Atem zu gehen, richte ich weniger Schaden an."

Nicht intellektuell, sondern intelligent sein

Um angemessen zu antworten, ist es nicht notwendig, etwas genau zu analysieren oder lang und breit darüber nachzudenken, sondern sich mit einer inneren Stille zu verbinden. Die Stille befähigt Sie, die Stimme Ihrer inneren Weisheit zu hören. Die Stille weiß. Sie ist ein Ort ohne blinde, stereotype und automatische Reaktionen. Stille inspiriert den gegenwärtigen Moment.

In dieser Stille können Sie Ihre Inspiration finden, indem Sie eine der folgenden Fragen stellen:

- Wie kann ich hier und jetzt am besten darauf antworten?
- Wie kann ich mit Weisheit auf diese Situation antworten?
- Wie kann ich geschickt in Beziehung bleiben mit dem, was sich zeigt?

Auf das Jetzt vertrauen

> Wie kann der Mensch jemals etwas wissen,
> wenn er so sehr damit beschäftigt ist, zu denken?
>
> Buddha

Erinnern Sie sich an eine Gelegenheit, als Sie mit einem Konflikt konfrontiert waren. Wie viel Zeit haben Sie damit verbracht, alles vorzubereiten, was Sie sagen wollten? Wie oft haben Sie darüber nachgedacht, wie die Dinge sich entwickeln und wie Sie selbst darauf reagieren würden? Haben die Ereignisse dann tatsächlich so stattgefunden?

Letztendlich kommt es meistens ganz anders. Wir können keine Regeln und Tricks aus dem Ärmel schütteln, denn sie gelten niemals genau für den neuen Moment.

Es geht darum, im Jetzt vollkommen gegenwärtig zu sein. Auf diese Weise können wir erfahren, was wirklich jetzt wichtig ist. Die Inspiration für heilsame Rede offenbart sich nur hier und jetzt. Sie ist frei von vorgefassten Ansichten und Konzepten. Es bedeutet nicht, intellektuell zu sein, sondern intelligent. Es erfordert, tief auf das zu hören, was jetzt hier ist. Auf diese Weise kommt es zu einem tieferen Verständnis und wir sind in der Lage, geschickt und angemessen auf die Situation zu antworten.

Gönnen Sie sich Ruhe in diesem Moment. Wenn Sie jetzt keine Ruhe zu finden vermögen, wird Ihnen dies später auch nicht gelingen. Wenn Sie sich selbst Ruhe gewähren können, sind Sie in der Lage, der Konfliktsituation später mit einem klaren und friedvollen Geist zu begegnen. Es ist dann das Vertrauen gegeben, dass alle Weisheit, die Sie jemals benötigen, um diesen Moment bewältigen zu können, stets verfügbar ist. Dazu ist nichts weiter erforderlich, als still zu werden und hinzuhören.

Wir können nicht etwas anderes erwarten,
wenn wir weiterhin dasselbe tun.

Heilsames Handeln

Erkennen Sie Ihre Motivation

Vieles von dem, was wir tun – zum Beispiel fernsehen, Süßigkeiten essen, reden – ist eine Methode, unangenehme Gefühle oder Situationen zu vermeiden. Diese Dinge sind an sich nicht falsch, aber wenn sie zu einer Methode werden, um uns von tieferen Gefühlen und Bedürfnissen abzulenken, werden wir uns in Duhkha verstricken.

Wenn wir innehalten, bewusst atmen und tief schauen, können wir die tiefere Motivation unserer Handlungen erkennen. Bei dieser meditativen Untersuchung können uns zwei Fragen helfen:

• Was tue ich?
• Was ist meine Motivation?

Sie stellen die Frage und werden still. Sie blicken tiefer mit uneingeschränktem Gewahrsein. Sie sehen hin und erkennen, ob sich irgendetwas offenbart, das Ihnen vorher nicht bewusst war. Sobald Sie es deutlich sehen, können Sie klare Entscheidungen treffen.

Beharrlichkeit ist für bestimmte Entscheidungen vonnöten. Wir treten aus unserer Sicherheitszone heraus und gehen über die Angst, was andere wohl denken mögen, hinaus. Es erfordert Mut, bringt aber eine größere Freiheit in das, was Sie tun und nicht tun.

Mut

ist nicht die Abwesenheit von Angst.

Mut

heißt, die Furcht zu fühlen

und es trotzdem zu tun.

Anna hatte sich gerade von einer Rückenoperation erholt. Während des Acht-Wochen-Trainings sagte sie, wie schwierig es für sie sei, Sitzmeditation zu praktizieren. Die Intensität des Schmerzes war zu stark. Ich schlug ihr vor, Meditation im Liegen zu praktizieren. In der Pause sagte sie mir, sie wolle die Meditation nicht im Liegen durchführen. Sie meinte, dies würde die anderen Teilnehmer stören. Ich bat sie, nachzuforschen, ob es irgendeinen anderen Grund dafür gab, dass sie nicht im Liegen teilnehmen wollte.

Eine Woche später erklärte sie: „Abgewiesen werden – das ist etwas, womit ich nicht zurechtkomme." Es war die Sitzung, in der wir tiefer in unsere Gefühle vordrangen. Sich abgewiesen fühlen war eines davon. Anna führt uns ein typisches Beispiel für ein Gefühl vor Augen, das wir lieber nicht erfahren würden. Bei Anna bewirkte es, dass sie sich selbst nicht gestattete, ihre eigenen körperlichen Grenzen zu respektieren.

Während der letzten Sitzungen entschied sich Anna dennoch dafür, sich hinzulegen. Sie erklärte uns, sie habe gelernt, ihrem Gefühl Raum zu geben, und ließe sich nicht mehr so sehr dadurch beeinflussen, was andere von ihr denken mochten. Sie sagte: „Ich habe gelernt, das Gefühl zu umarmen; manchmal ist es da, aber es kontrolliert mich nicht. Ich bin sehr viel mutiger geworden."

Konsequent sein

> Ich singe nicht, weil ich glücklich bin,
> sondern ich bin glücklich, weil ich singe.
>
> William James

Jeder will glücklich sein. Jeder hätte gerne Geld oder andere Dinge, die jetzt nicht da sind. Wir alle wollen alles Mögliche.

Was wollen Sie? Schreiben Sie es auf.
Ein schönes Auto, eine gute Beziehung, bessere Gesundheit, mit dem Rauchen aufhören...

Was wollen Sie dafür tun?
Diese Frage ruft häufig Überraschung hervor. Oh! Muss ich etwas dafür tun? Es ist ganz simpel: Sie können nicht etwas anderes erwarten, wenn Sie weiterhin dasselbe tun. So einfach ist das. Der wichtigste Grund dafür, dass jemand sein Ziel nicht erreicht, ist der, dass er diesem Ziel keine Priorität eingeräumt hat. Wenn Sie wissen wollen, welche Prioritäten Sie haben, sehen Sie sich das an, was Sie tun!

Stellen Sie sich zwei Fragen:
• Was will ich?
• Was will ich dafür tun?

Danach können Sie täglich fragen:
• Was kann ich heute tun, um meinem Ziel näher zu kommen?

Das Problem besteht nicht so sehr darin, zu wissen, was zu tun ist, sondern darin, es zu tun.

Aufmerksam sein

Vieles von dem, was wir täglich tun, läuft automatisch ab: Aufstehen, uns waschen, essen, Zähne putzen usw. sind zu unbewussten Fertigkeiten geworden, die notwendig sind, um sich durchs Leben zu schlagen. Sie ermöglichen es zum Beispiel, eine Tür zu öffnen und gleichzeitig unser Gespräch fortzusetzen.

Die Kehrseite des Ganzen ist der Umstand, dass wir bei diesen achtlos ausgeführten Handlungen ins Nachdenken geraten und den Augenblick selbst weniger wertschätzen.

Wenn wir dem Ausführen dieser Handlungen Gewahrsein zugestehen, kommt es zu einer natürlichen Wertschätzung. Es wird nicht mehr unbewusst Stress aufgebaut. Aufmerksam sein erfordert ein Minimum an Mühe und ist gleichzeitig ein Entspannen im gegenwärtigen Augenblick.

Gewohnheiten

> Eine schlechte Gewohnheit empfinden wir als natürlich,
> eine neue Gewohnheit empfinden wir als unnatürlich,
> das ist die Macht des Gewohnten.

Gewohnheiten entstehen dadurch, dass Dinge immer und immer wieder auf die gleiche Weise getan werden. Vorteilhaft daran ist die Tatsache, dass diese Dinge nach einiger Zeit offenbar von selbst ablaufen, als wäre der Autopilot eingeschaltet. Ein Nachteil ist jedoch, dass es, wenn die Gewohnheit erst einmal gebildet ist, sehr schwierig ist, zu einer anderen Form der Reaktion zu gelangen.

Eine neue Gewohnheit ganz plötzlich zu lernen ist sehr schwierig und mag unnatürlich erscheinen. In der Tat haben wir es bisher ganz anders gemacht und um uns selbst für ein neues Handeln zu motivieren, ist es wichtig, eine Vision zu haben und mit einer umfassenderen Perspektive zu handeln.

Dies ist heilsames Handeln. Wir tun es, weil wir wissen, dass es wichtig ist, und weil wir wissen, dass unsere Handlungen Früchte tragen werden. Es bedeutet, Verantwortung zu übernehmen, und es ist in heilsamem Verständnis begründet.

Wenn wir versuchen, eine neue Gewohnheit zu lernen, neigen wir dazu, die so genannten schlechten Gewohnheiten, die wieder aufkommen, zu beurteilen. Erinnern wir uns an die Lehre der Achtsamkeit: Widerstand leisten ist kein Mittel, uns davon zu befreien.

Wir treten einen Schritt zurück, statt unmittelbar zu handeln. Wir wollen die Gewohnheit ansehen, uns damit vertraut machen und uns damit anfreunden. Wir umarmen sie im Raum des Seins. Dies verringert das Feld der Anspannung und ermöglicht es, dass wir uns leichter für ein anderes Verhalten entscheiden.

Süchte:

Annehmen 100 Prozent

Nachgeben 0 Prozent

Wir sind nicht abhängig von Zigaretten oder Drogen,
sondern von den Empfindungen, die sie hervorrufen.
Darum entwickeln wir in Bezug auf körperliche
Empfindungen eine Aufmerksamkeit, die nicht auf
automatischen Reaktionen basiert.

Wir bleiben gegenwärtig und geben ihr Raum,
ohne sofort zu handeln.
Dies verleiht uns die Freiheit,
bewusst zu wählen, was wir wollen.

Frei werden von Verhalten, das auf Gewohnheiten basiert

3E und 2A
Der erste Schritt

Erkennen

Da Gewohnheiten normalerweise unbewusst entwickelt werden, sind sie uns nicht bewusst. Der erste Schritt besteht darin, zu erkennen, was abläuft: ein Wunsch, ein Impuls oder eine Handlung. Solange Ihnen dies nicht bewusst ist, können Sie die Gewohnheit nicht angehen. Sobald Sie sehen, was sie mit Ihnen macht und wie sie Sie im Griff behält, hat sie schon einen Teil ihrer Macht verloren. Gewahrsein löst den Bann.

Sich enthalten

Sobald Sie sie erkannt haben, treffen Sie die Entscheidung, ihr nicht nachzugeben. Am Anfang ist dies nicht einfach. Manchmal werden Sie sie erkennen, aber Sie werden in die gewohnte Handlung hineingezogen und geben ihr nach. Dies passiert insbesondere dann, wenn die Gewohnheit noch sehr stark ist. Dieser zweite Schritt erfordert daher zusätzliche Entschlossenheit. Treten Sie einen Schritt zurück und fassen Sie den Vorsatz, nicht nachzugeben. Der Atem ist Ihr Anker.

Sich entspannen

Dies heißt, vollständig zu akzeptieren, was hier und jetzt ist. Es erfordert Geduld und Freundlichkeit. Wir bleiben bei der Erfahrung und entspannen uns mit der Tatsache, dass ein Feld der Anspannung vorhanden ist, das eine Handlung herbeiführen will. Dabei sollten wir uns genügend Zeit lassen, um uns von innen nach außen zu entspannen. Wir atmen ein, machen uns mit dem Feld der Anspannung vertraut und freunden uns damit an. Wir bleiben dabei, bis wir mehr Raum erfahren. In diesem Raum besteht keine emotionale Verwirrung mehr. Wir entspannen uns mit dem, was ist. Hier können wir klar und effektiv denken. Anschließend können wir zum nächsten Schritt übergehen.

Und nun ...

Abwägen
Sie fragen sich, warum Sie die Dinge tun, die Sie tun. Sie beginnen, die tiefere Motivation Ihres Verhaltens zu erforschen. Sie sind in der Lage zu erkennen, ob Sie ein spezielles Gefühl vermeiden wollen, und fragen sich, welches mögliche Verhalten geeigneter wäre. Diese beiden Fragen tragen dazu bei, dass Sie eine umfassendere Perspektive einnehmen und Verantwortung für die Folgen Ihres Handelns übernehmen können. Die Antworten zeigen sich, wenn wir still werden und tief hinhören.

Antworten
Selbst wenn Sie es nicht auf Anhieb als natürlich oder leicht empfinden – tun Sie es einfach. Denken Sie daran, dass es anfangs oft ein Gefühl des Unnatürlichen weckt, eine neue, gute Gewohnheit zu lernen. Wer beharrlich bleibt, wird gewinnen – aber wir wollen uns in unserer Beharrlichkeit auf heilsame Anstrengung konzentrieren.

Kaffeeklatsch

Als Zehnjähriger war ich fasziniert, wenn ich zufällig das Geplauder meiner Großmutter und mehrerer Damen hörte. Mitten auf dem Tisch stand eine große Schachtel Pralinen. Ich erinnere mich immer noch deutlich daran, wie eine der Damen sich eine weitere Praline in den Mund schob und sagte: „Ich kann nicht anders. Der Arzt hat zwar gesagt, ich soll das nicht essen, aber ich kann einfach nicht anders." Das war wie ein Blitz aus heiterem Himmel. Ich dachte bei mir: Ist der Geist wirklich schwächer als ein Stück Schokolade? Die Frage eröffnete für mich eine Suche, die meinem Leben eine Richtung gab. Sie brachte mich in Kontakt mit Einsichtsmeditation und mit dem achtfachen Pfad.

Süßigkeiten und Schokolade essen ist an sich nicht falsch. Es gehört zu den kleinen Vergnügen des Lebens. Achtsamkeit hilft uns, es wirklich zu genießen. Schokolade und Bonbons können jedoch auch zu einer Methode werden, unangenehme Gefühle zu betäuben. Wir lenken uns ab von dem, was wirklich in uns vorgeht. Süßigkeiten halten uns unter Umständen gänzlich unter Kontrolle, so sehr, dass wir schon beim geringsten Gefühl von Stress wie besessen Süßigkeiten essen müssen. Das Traurige ist, dass wir es in solchen Momenten noch nicht einmal genießen, ja mehr noch: Wir fühlen uns schuldig, nachdem wir sie gegessen haben.

Die Botschaft der Achtsamkeit ist einfach: Wenn Sie essen, genießen Sie es! Die Freiheit, dies zu tun, müssen Sie zurückerlangen. Die Übungen der meditativen Achtsamkeit helfen Ihnen dabei. Wie Johanna in der sechsten Woche des Trainings einmal sagte: „Diese Woche ‚musste' ich nur einmal Schokolade essen."

Wenn Schokolade zu Stress wird...

3 E und 2 A

Erkennen Sie Ihr Verlangen, zwei Pfund Pralinen in zwei Minuten zu essen. Wenn Sie dieses Verlangen nicht erkennen, dann ist die Schokolade gegessen, bevor es Ihnen wirklich bewusst ist. Sie können es benennen und sich selbst sagen: „Hey, da ist Verlangen."

Geben Sie ihm nicht nach! Halten Sie inne, atmen Sie und machen Sie sich klar, dass Verlangen kommt und geht. Sie können sich selbst helfen, indem Sie sich folgende Frage stellen und sie beantworten: „Kann ich mir selbst erlauben, das Verlangen zu spüren und doch nicht darauf zu reagieren?"

Entspannen Sie sich mit dem Gefühl. Verurteilen Sie sich nicht wegen des Verlangens. Entspannen Sie sich mit der Tatsache, dass Sie dieses Verlangen fühlen, und atmen Sie mit ihm. So kultivieren Sie eine nicht reagierende Haltung und Beständigkeit inmitten des Verlangens.

Blicken Sie auf das umfassendere Bild. Welche Motivation habe ich, das zu tun, was ich tue? Will ich etwas vermeiden? Welche Alternativen sind möglich? Vielleicht kann ich dem Gefühl durch Meditation Aufmerksamkeit zuteil werden lassen – oder ich kann mich für eine Alternative entscheiden, wie zum Beispiel Obst zu essen, spazieren zu gehen, zu lesen ...

Entscheiden Sie klug. Seien Sie sanft mit sich selbst. Vielleicht werden Sie die Schokolade achtsam essen und sie ohne Schuldgefühle genießen.

Was für eine Welt will ich erbauen?

Heilsamer Lebenserwerb

> Eine Sache als gut anzusehen bewirkt,
> dass die andere schlecht wird.
>
> Taoistische Tradition

Gemäß dem achtfachen Pfad ist es nicht heilsam, den eigenen Lebens-
unterhalt mit etwas zu verdienen, das einen negativen Einfluss auf andere und einen selbst ausübt. Dennoch ist der Pfad nicht moralisierend.
Achtsamkeit trennt nicht zwischen gut und schlecht. Achtsamkeit sagt
niemals, es solle so sein oder so. Allem Anschein nach kommt man durch
den Prozess der Einsichtsmeditation mit der eigenen inneren Ethik in
Berührung.

Ein Teilnehmer erzählte mir, er empfinde während der Meditation Ge-
wissensbisse wegen der Art und Weise, wie er seine Firma bislang geleitet
habe, und er wolle die Handhabung der Dinge ändern.

Einsichtsmeditation gibt Ihrer inneren Ethik auf natürliche Weise Raum.
Praktizierende berichten, wie sie durch den Prozess der Einsichtsmeditation zu ihrem wahren Selbst fanden. Wir entwickeln mehr Sensibilität
für tiefere Werte, für das, was für uns wirklich von Bedeutung ist, und
wir stellen fest, dass wir nur dann ein lebenswertes Leben führen können,
wenn wir unseren tiefsten Werten Ausdruck verleihen.

It's about being real.

Es geht darum,
echt zu sein.

Tiefer blicken

Bei der Achtsamkeitsmeditation geht es darum, sich selbst aufrichtig zu betrachten und nicht länger zum Narren zu halten. Einer der wichtigsten Punkte, über die wir uns selbst hinwegtäuschen, ist die Annahme, wir benötigten zum Glücklichsein alle möglichen Dinge oder müssten Reichtum anhäufen. Der Weg, um dies zu erlangen, ist gekennzeichnet durch die Verleugnung eines inneren Konflikts. Diesen inneren Konflikt spüren wir häufig körperlich. Denn man hat uns gelehrt, unsere Aufmerksamkeit vom Körper abzuziehen, so dass wir, gänzlich eingetaucht in die Welt des Denkens mit all ihren Zielen und Versprechungen, die sie nicht einhalten kann, taub werden für unser tiefstes Selbst.

Über unsere Ängste hinausgehend

Manchmal wissen wir, was wir wollen, aber Furcht und Ungewissheit bremsen uns, und wir gehen dem, was wir wirklich erreichen wollen, nicht weiter nach.

Wenn wir beginnen, uns mit diesen Gefühlen in der Meditation anzufreunden, werden sie uns nicht mehr davon abhalten, das auszudrücken, was wir wirklich für wichtig erachten. Wir fürchten die Desillusionierung nicht mehr, denn wir haben sie kennengelernt und uns damit angefreundet. So befähigt uns die Achtsamkeit dazu, ein furchtloses Leben zu führen.

Why fear
when awareness is here?

Warum sich fürchten,
wenn das Gewahrsein hier ist?

U Pandita

Reflexion: Meinem Leben eine tiefere Bedeutung verleihen

Was bedeutet mir wirklich etwas?
Was ist mein Beitrag zu dieser Welt?
Zu welchen Werten möchte ich beitragen?
Wenn jeder es so machte wie ich, würde ich in einer solchen Welt leben wollen?

Meditation: Hindernisse

Treten Sie in Kontakt mit Ihrem Atem und Ihrem allgemeinen Empfinden.
Denken Sie an Ihre Arbeit. Welches Gefühl steigt dadurch auf?
Geben Sie ihm Zeit und Gewahrsein.
Integrieren Sie Ihre tiefsten Werte in Ihre Arbeit?
Wie wären Sie in der Lage, dies zu tun?
Gewähren Sie dem, was sich offenbart, Aufmerksamkeit und Raum.

Ein junger Mann kam zu seinem Meister und fragte:
„Wie lange dauert es,
bis ich den höchsten Grad erlangt habe?"

Der Meister erwiderte: „Zehn Jahre."

Der junge Mann sagte:
„Und wenn ich doppelt so viel praktiziere?"

Der Meister antwortete: „Zwanzig Jahre."

Heilsame Anstrengung

Zu viel Anstrengung

Solange wir glauben, es sei möglich, alles unter Kontrolle zu haben und nur Vergnügen und Glück zu erfahren, werden wir es mit aller Kraft versuchen. Diese unheilsame Absicht ist in unheilsamem Verständnis begründet und führt zu unheilsamer Anstrengung.

Jana nahm am Achtsamkeitstraining im Rahmen der Depressionsprävention teil. Sie wollte auf keinen Fall, dass die Depression wiederkehrte. Gemäß ihrem selbst gefassten Entschluss machte sie sich daran, alle Übungen von der ersten Lektion an dreimal täglich durchzuexerzieren. Natürlich ging das schief. Ihr obsessiver Wunsch, niemals mehr deprimiert zu sein, machte sie ruhelos und ängstlich. In der Meditation stand sie durch ihren uneingeschränkten Vorsatz, sich zu entspannen, sogar noch mehr unter Spannung.

Etwas zu sehr erreichen zu wollen wirkt sich kontraproduktiv aus.

Wenn zu viel Anstrengung vorherrscht, werden unsere Grenzen und unser Wohlbefinden selten respektiert. Wir verausgaben uns und verlieren unsere Gegenwärtigkeit im Jetzt. Wir meinen, Glück käme erst, nachdem eine Reihe von Bedingungen erfüllt sei. Wir werden beherrscht von „ich muss..." oder „du musst...".

Der depressive Modus des Geistes ist ein „Müssen"-Modus.

Solange „müssen" uns antreibt, produzieren wir mehr Stress und Leiden. Es ist eigentlich eine Form von Zwang und Anhaften. Im Verlauf der Achtsamkeitspraxis lernen wir unser „Müssen" kennen und erfahren, wie wir es loslassen. So lernen wir, in jedem Moment mit unseren Gefühlen umzugehen.

Reflexion: Müssen

Woran halte ich in frustrierender Art und Weise so stark fest, dass ein obsessives „Müssen" hier ist, dass ich mich selbst verausgabe, mich über andere ärgere, wenn sie mir im Weg stehen, und dass ich es barsch kritisiere, wenn die Dinge nicht laufen, wie geplant?
Will ich so leben? Kann ich jetzt loslassen?

Reflexion: Verliere ich den Kontakt zu mir selbst?

Bin ich erschöpft, weil ich den Kontakt zu mir selbst verliere?
Kann ich mir selbst erlauben, mich zu entspannen?
Kann ich dem Jetzt freundliche Aufmerksamkeit widmen?

Du brauchst nicht gut zu sein.

Lass nur das sanfte Tier

deines Körpers lieben, was es liebt.

Mary Oliver

Zu wenig Anstrengung

Wie motiviert sind Sie, wenn Sie sich zu deprimiert fühlen, um etwas zu unternehmen, was gut für Sie ist? Wenn Sie trübsinnig sind und dann Ihrem Wunsch nachgeben, im Bett liegen zu bleiben, bemühen Sie sich nicht richtig. Die rechte Anstrengung verlangt von uns, hinter die unmittelbare Emotion zu blicken. Sie erfordert heilsames Verständnis.

Unsere Stimmung hat einen wichtigen Einfluss auf unsere Handlungen, wenn wir deprimiert sind. An solchen Tagen haben wir oft den Eindruck, „was ich tue spielt sowieso keine Rolle". Hören wir dann auf unsere Gefühle, bleiben wir wahrscheinlich im Bett. Wir müssen uns klarmachen, dass die Müdigkeit während einer Depression von einem Mangel an Bewegung herrührt, nicht vom Schlafmangel.

Tun Sie das, von dem Sie wissen, dass es wichtig ist.

Dies ist nur möglich, wenn wir die Emotion in ein breiteres Gewahrseinsfeld mit einschließen. Von diesem umfassenderen Wissen aus ist es uns möglich, die Perspektive der Emotion einzunehmen, und ebenso vermögen wir zu sehen, dass es zum Beispiel wichtig ist, aufzustehen und spazieren zu gehen und nicht im Bett zu bleiben. Ein täglicher Spaziergang beeinflusst die Stimmung positiv. Bei einer schwach ausgeprägten Depression ist ein täglicher Spaziergang genauso wirksam wie Medikamente!

Die Kerneinsicht ist die, dass wir *mitunter etwas tun müssen, bevor wir es wirklich tun wollen.* Manchmal schwimmen wir vielleicht zehn Minuten, und erst dann wird uns klar: „Hmm. Ich schwimme ja gerne!" Oder wir machen eine Zeitlang einen Waldspaziergang und stellen dann fest, dass wir es tatsächlich genießen, im Wald spazieren zu gehen.

Heilsame Anstrengung leitet ihre Macht von heilsamem Verständnis ab, und das wiederum bedeutet zu sehen, was zu einer negativen Stimmung beiträgt und was jetzt unternommen werden kann, um besser für sich zu sorgen.

Die Atempause hilft mir, das umfassendere Bild zu erkennen. Früher sah ich fern, wenn ich mich nicht gut fühlte. Jetzt habe ich verstanden, dass es mir dadurch nicht besser geht. Wenn ich diese Zeit nutze, um ein inspirierendes Buch zu lesen oder um Sport zu treiben oder zu meditieren, dann tue ich mir wirklich etwas Gutes. Man sollte immer auf eine umfassendere Perspektive achten. Das ist möglich, wenn ich bewusst innehalte, atme und mir selbst folgende Fragen stelle, die ich im Training gelernt habe:

Was ist jetzt wichtig?

Was ist jetzt das Beste, was ich tun kann?

Was wäre vielleicht jetzt kein besonders kluges Handeln?

Ich atme und höre auf diese Fragen. Sie helfen mir auch, meine Grenzen besser zu respektieren. Auch wenn ich impulsiv oder wütend bin, geben sie mir die Gelegenheit, freundlich zu sprechen.

(Fred)

Der mittlere Weg

Zu einer wichtigen Einsicht gelangte der Buddha der Überlieferung zufolge, als er einen Vater hörte, der seinen Sohn lehrte, Sitar zu spielen.

Wenn die Saiten zu locker sind,
wirst du nicht den richtigen Klang erhalten,
sind sie zu stark gespannt,
wirst du auch nicht den richtigen Klang erhalten.

Dies bewog den Buddha dazu, den mittleren Weg einzuschlagen. Dies beinhaltet die richtige Balance zwischen Beharrlichkeit und Geduld einerseits und Güte und Freundlichkeit andererseits. Das eine existiert nicht ohne das andere. Spannung und Entspannung halten sich gegenseitig im Gleichgewicht. Es ist wie Liebe und Macht, Güte und Mut: Sie kommen in liebender Güte und Gelassenheit zusammen.

Meditation

In der Meditation führt zu viel Energie zu Ruhelosigkeit, zu wenig Energie macht schläfrig.
Praktizieren Sie achtsamen Yoga.
Dadurch lernen Sie, sich im Einklang mit sich selbst zu bewegen.
Es hilft Ihnen, Gewahrsein und Respekt für Ihre Grenzen zu entwickeln.

„Seien Sie Yoga.“

In der meditativen Aufmerksamkeit
ist es unser einziges Bemühen, ganz hier
zu sein, mit freundlichem Gewahrsein
für jeden Augenblick unseres Lebens.

Drei Arten der Anstrengung

Heilsame Anstrengung hat drei Aspekte. Es ist wichtig, sowohl in der Meditation als auch im Privatleben das Gleichgewicht zu finden.

Die behutsame Anstrengung

Behutsame Anstrengung bedeutet, sanft mit sich selbst umzugehen. Konkret heißt es: Wenn Sie Lust auf ein süßes Teilchen haben, gehen Sie zum Bäcker und essen es. Dies gehört auch zu den Eigenheiten, die das Leben zu bieten hat. Behutsame Anstrengung wird von zwei Arten der Anstrengung im Gleichgewicht gehalten. Hat behutsame Anstrengung die Vorherrschaft inne, werden Sie zum Sklaven Ihrer Wünsche.

Gesunde Anstrengung

Unser Körper ist Krankheiten ausgesetzt und braucht Pflege und Bewegung. Das bedeutet, Sie tun das, was gut für Ihren Körper ist, und respektieren seine Grenzen – auch während der formellen Meditationspraxis. Wenn Ihr Körper Ihnen zu verstehen gibt, dass Sie eine Übung wegen intensiver Schmerzen lieber nicht durchführen oder Ihre Stellung ändern sollten, dann lassen Sie dies zu. Gesunde Anstrengung bedeutet auch, dass Sie sich entscheiden, Obst zu essen und nicht Schokolade, selbst dann, wenn Ihr Verlangen nach Süßigkeiten sehr stark ist.

Die weise Anstrengung

In der Achtsamkeit lernen wir, automatischen Reaktionen nicht nachzugeben, Schmerz nicht zu vermeiden und nicht an Angenehmem festzuhalten. Wir bleiben gegenwärtig bei dem, was ist, ohne sofort zu versuchen, die Dinge zu vergrößern oder zu verkleinern. Der psychische Raum, den wir auf diese Weise kultivieren, hilft uns, besser mit dem Auf und Ab des Lebens umgehen zu können.

Reflexion: Eine Reise von tausend Meilen beginnt
mit einem einzigen Schritt.

Welche Eigenschaften sind nötig?
Verlangsamung
Geduld
Gewahrsein
Fokussiert sein
Entspannt sein
…

Es ist das Gewahrsein,
das den Blumen Farben,
dem Wein Geschmack,
dem gemähten Gras Duft und
den Vögeln Lieder verleiht.

Kapitel 1

Heilsames Gewahrsein (Achtsamkeit)

Hier und Jetzt

> Dieser Augenblick ist der einzige, den wir haben.
> Es verlangt Achtsamkeit, ihn nicht zu versäumen.

Durch Achtsamkeit entwickeln wir die Fähigkeit, der Realität des Augenblicks gewahr zu sein. Unsere Aufmerksamkeit ist oft von Dingen in Anspruch genommen, die nicht da sind, wie auch von dem, was da sein sollte oder was nicht sein sollte. Das, was jetzt da ist, nehmen wir nicht wahr. Dies führt zu Frustration und Ruhelosigkeit.

Achtsamkeit lehrt uns, mit dem, was ist, glücklich zu sein, indem wir dieselben Dinge mit neuen Augen sehen. Es braucht gar nichts Besonderes zu geschehen. Es geht nicht um Voraussetzungen und Bedingungen, sondern um die Qualität des Gewahrseins, die wir dem, was ist, zuteil werden lassen können.

Dadurch, dass sie Gewahrsein in den gegenwärtigen Moment bringt, lehrt uns die Achtsamkeit, mit dem Reichtum des Hier und Jetzt in Kontakt zu treten.

Vor einiger Zeit hatte ich das Glück, meinen Urlaub in Plum Village in Frankreich verbringen zu können. Man begegnet dort Menschen aus der ganzen Welt. Es ist ein schöner Ort und es gibt dort täglich ein Achtsamkeitstraining. Stündlich hört man in Plum Village eine Glocke. Der Glockenklang ist eine Aufforderung innezuhalten, zu atmen und bewusst zu werden. Wir sind uns dieses Moments in all seinem Frieden und seiner Schönheit gänzlich bewusst. Es ist eine wunderbare Erfahrung, die es ermöglicht, das Hier und Jetzt ganz zu leben und zu erfahren!

Gegenwärtiger Moment,
wundervoller Moment.

Thich Nhat Hanh

Still werden und schauen

Kommen Sie zur Ruhe und empfangen Sie diesen Augenblick, wie er sich in Farbe, Form, Geruch und Gefühl präsentiert. Blicken Sie an, was Sie sehen, und betrachten Sie es. Atmen Sie ein und aus und bezeichnen Sie es als „gegenwärtiger Moment, wunderbarer Moment". Lassen Sie zu, dass diese Qualität des Gewahrseins eine Haltung der Wertschätzung in Ihnen eröffnet.

Gewahrsein

Gewahrsein ist ein lebendiger Zustand des völligen Teilhabens
an dem, was ist, ohne es mit persönlicher Verstrickung zu färben.
Gewahrsein vergleicht und urteilt nicht. Es belässt diesen
Augenblick so, wie er ist, in seiner Fülle. Es beobachtet und fühlt.
Gewahrsein ermöglicht spontane Wertschätzung dessen, was ist.
Gewahrsein ist still und hört zu. Gewahrsein ermöglicht den Dingen,
sich spontan zu entfalten. Es versucht nicht, etwas zu erreichen oder
zu kontrollieren. Gewahrsein steht in einer nicht-manipulatorischen
Beziehung zur Erfahrung, zum Körper und zu den Gefühlen. Es ist
einfach auf lebendige Weise bewusst.
Dem Gewahrsein wohnt die freundliche Absicht inne, vollkommen
zu sehen, was hier ist, ohne zu versuchen, irgendetwas zu ändern.
Wir können die Realität nicht sehen, wenn wir sie ändern wollen,
denn dann färben wir sie. Gewahrsein beobachtet ohne eigenes
Ziel und vermag daher den Jetzt-Moment vollständig zu erfassen.
Es versteht, was ist, und weiß, dass es ist. Es „erinnert sich" an
das, was jetzt getan, gefühlt und gedacht wird. Gewahrsein ist im
Jetzt „wach".
Gewahrsein hält inne. Es fügt zwischen Reiz und Antwort eine
Pause ein, um automatische Reaktionen auf Emotionen und Impulse
zu verhindern. Es erfordert heilsame Absicht und Anstrengung.
Es bietet die Möglichkeit, eine sinnvolle Antwort auf die
Herausforderungen des Lebens, wie sie sich „jetzt" präsentieren,
zu formulieren.

**Paradise is
not a
location,
it is an
attitude of
the mind.**

Das Paradies ist kein Ort,
es ist eine Geisteshaltung.

Christopher Titmuss

Der erwachte Geist

Einsichtsmeditation lehrt uns, uns selbst und die Welt um uns herum so zu sehen, wie wir und die Welt jetzt sind. Darum ist Einsichtsmeditation Wirklichkeitsmeditation. Sie erfordert, dass wir unsere unendlichen Gedanken darüber, wie die Dinge sein sollten, loslassen. Wir erwachen aus einer Traumwirklichkeit.

Diese Meditation wird als Vipassana bezeichnet. Vipassana ist ein Pali-Wort und bedeutet „klar sehen", die Realität sehen, wie sie in genau diesem Moment ist. Dieses Sehen ist frei von Konzepten, Dogmen, Religion oder Ideologie. Es ist frei von Ansichten, die konstatieren: „So ist es." Es ist ehrlich mit dem, was ist.

Vipassana verlangt, nicht urteilendes Gewahrsein in die Wirklichkeit des gegenwärtigen Moments zu bringen. Wir schauen das, was jetzt hier ist, unsere Erfahrungen und unsere Reaktionen darauf, ehrlich an.

- Wir sehen, wie bestimmte Reaktionen sogar noch mehr emotionalen Schmerz herbeiführen.
- Wir entdecken, wie bestimmte gewohnte Reaktionen, die auf Habsucht, Hass und Verleugnung beruhen, uns unglücklich machen.
- Uns wird klar, dass es nicht sinnvoll ist, sich darauf zu fixieren, wie die Dinge sein sollten oder wie wir uns fühlen sollten.
- Wir sehen, dass es nicht sinnvoll ist zu glauben, dass wir alles Mögliche tun müssen, um glücklich zu sein.
- Wir erkennen, inwiefern all dies sogar noch mehr Unfrieden und Konflikt mit dem, was ist, hervorruft. Es kettet uns an drei automatische Gewohnheiten des Geistes: Anhaften, Abneigung und Verblendung.

Ein freundlicher Raum

In der Meditation lernen wir, solche unheilsamen Fixierungen und Reaktionen loszulassen und ein offenes und freundliches Gewahrsein in Bezug auf diesen Moment zu entwickeln. Wir lernen, still zu sitzen und hinzuhören, statt unmittelbar zu reagieren.

Wir werden wachsam gegenüber solchen Momenten, in denen wir von den drei Gewohnheiten des Geistes vereinnahmt werden. Dies ermöglicht es uns, nicht aufzugeben und eine andere Beziehung zum Leben einzugehen. Es inspiriert uns dazu, jeden Augenblick unseres Lebens ganz und mit Würde zu leben.

Meditation erfordert, dass wir täglich mit erwachtem Gewahrsein in Stille sitzen. Wenn wir still sitzen, ohne dass wir uns von uns selbst ablenken lassen, werden wir vollständig gegenwärtig für uns selbst. Es ist ein radikaler Akt, um ehrlich da zu sein für sich selbst und die eigene Beziehung zum Leben.

Letztendlich geht es um die alltägliche Realität: unsere Frustrationen, unsere Enttäuschungen, unsere Siege und unsere Freuden. Achtsamkeit hilft uns dabei, uns dem Leben in seiner Gesamtheit zu stellen. Wir sehen es, geben ihm Raum und erfahren es ganz. Um Jon Kabat-Zinn zu zitieren: Wir *leben die ganze Katastrophe.*

See it.

Look at it.

Feel it.

Hold it with compassion.

Sieh es.
Betrachte es.
Fühle es.
Halte es mit Mitgefühl.

Die Praxis

Diese 2500 Jahre alte Übung vermittelt einen tieferen Einblick in den menschlichen Geist. Dadurch stellt sie direkte therapeutische Bezugspunkte bereit. Sie ist für MBSR und MBCT die grundlegende Übung. Die Übung dauert dreißig Minuten. Sie wird im Sitzen durchgeführt. Es ist keine Atemübung, sondern wir entwickeln wache Aufmerksamkeit für jeden neuen Augenblick. Wir beobachten den Atem, den Körper und unsere Reaktionen. Dahinter steht das Ziel, sich nicht von sich selbst abzulenken und sich dem umfassenden Spektrum der eigenen Gefühle, Gedanken und Körperempfindungen, wie sie sich in jedem Augenblick präsentieren, zu stellen. So sehen wir, was gegenwärtig da ist und wie wir reagieren können. Dies ermöglicht uns weitere Einblicke in die konditionierten Reaktionen, die uns unglücklich machen. Auf diese Weise können wir zur Mühelosigkeit des „nur dieser Moment" erwachen.

Aufmerksam zu sitzen kann anfangs unangenehm sein. Das ist normal. Es ist wichtig, sich nicht von diesen Gefühlen abzulenken. Das erfordert Mut. Wir würden vielleicht lieber fernsehen oder uns mit Freunden unterhalten. Sitzen Sie weiterhin so ruhig, wie es Ihnen möglich ist, und lernen Sie, sich mit dem, was aufkommt, vertraut zu machen. Was wir verstehen, können wir handhaben, und Unbekanntes wird zu etwas Bekanntem.

Güte ist notwendig, um nicht über das zu urteilen, was wir vorfinden. Güte und Liebe ergeben zusammen liebende Güte. Diese Eigenschaften werden in der Meditation und im Leben entwickelt, zusammen mit Ausdauer, Genügsamkeit, Freundlichkeit und Weisheit.

Sei sanft

Dem Ego widerstrebt es,

erneut auf dasselbe zu stoßen.

Das Herz vermag es erneut willkommen zu heißen.

Das Herz hat es angeschaut und

gelernt, ihm Zuneigung entgegenzubringen.

Es ist ein alter Freund geworden,

von dem wir mit Sicherheit sagen können,

dass er uns wieder besuchen wird.

Cheri Huber

Meditationsanleitung

Die Haltung

Setzen Sie sich auf einen Stuhl oder auf den Boden. Der Rücken ist aufrecht. Schließen Sie die Augen, wenn Sie sich damit wohl fühlen. Achten Sie darauf, eine Haltung einzunehmen, die einen gewissen Wachheitsgrad erfordert, und schlafen Sie nicht ein. Lassen Sie Ihre Hände in Ihrem Schoß ruhen.

Zu Beginn richten wir unsere Aufmerksamkeit auf den Atem…

Wir beginnen damit, unsere Aufmerksamkeit sanft dem Magen zuzuwenden, und spüren die Wellen des Atems. Sie lassen Ihren Atem fließen und versuchen nicht, ihn zu kontrollieren. Lassen Sie Ihren Atem einfach sich selbst atmen. Sie müssen nichts erreichen. Sie müssen nichts Besonderes tun. Aufsteigende Gedanken lassen Sie einfach kommen und gehen.

Um Ihre Aufmerksamkeit zu zentrieren, können Sie den Pausen zwischen dem Ein- und Ausatmen und auch zwischen dem Anfang und dem Ende jedes Atemzyklus' zusätzliche Aufmerksamkeit zuwenden.

Richten Sie nun besondere Aufmerksamkeit auf die Qualität des Gefühls beim Atmen. Manchmal wird es als neutral erfahren, manchmal als angenehm und manchmal als unangenehm. Finden Sie heraus, ob Sie in eine nicht urteilende Beziehung zu diesen Gefühlsqualitäten treten können.

… und dehnen anschließend unser Gewahrsein
auf den ganzen Körper aus.

Während Sie das Gewahrsein Ihres Atems aufrechterhalten, lassen Sie
den Bereich Ihres Gewahrseins sich nun ausdehnen, so dass es das Gefühl
Ihres Körpers als Ganzes umfasst. Sie können sich in die Umrisse Ihres
Körpers hineinzoomen. Das wechselnde Muster der Empfindungen in
Ihrem Körper ist nun im Vordergrund.

Wahlweise können wir uns auch in bestimmte Stellen hineinzoomen…

Sie können sich auch in lokale Muster körperlicher Empfindungen ein-
zoomen.

Nehmen Sie einfach wahr, was Sie fühlen: den Kontakt Ihrer Füße mit
dem Boden, Ihres Gesäßes mit der Matte oder dem Stuhl, das Gefühl
dort, wo Ihre Hände ruhen.

Versuchen Sie nun, all diese Empfindungen gleichzeitig so klar wie
möglich wahrzunehmen und sie gemeinsam zu umfassen, ebenso wie
Ihren Atem und Ihren Körper als Ganzes in einem größeren Feld des
Gewahrseins. Sitzen Sie in dem Gewahrsein eines atmenden Körpers.

Sitzen Sie und seien Sie sich dessen bewusst, dass Sie sitzen. Verkörpern
Sie eine gewisse Würde und Präsenz.

… wir bleiben bei unserem Unbehagen…

Zu bestimmten Zeiten werden Sie bemerken, dass der Fokus Ihres Gewahrseins von unangenehmen Empfindungen in Ihrem Körper in Beschlag genommen wird. Sie können mit Ihrem Gewahrsein hineinzoomen
und untersuchen, wie es sich anfühlt. Nehmen Sie einfach mit sanftem,
freundlichem Gewahrsein wahr, was genau gegenwärtig ist, und machen

Sie sich mit Ihrem Körper vertraut, freunden Sie sich mit ihm an. Denken Sie nicht darüber nach, sondern fühlen Sie die Empfindungen, und atmen Sie mit ihnen.

...und beobachten unsere Reaktionen.

Häufig wird Ihre Aufmerksamkeit von Gedanken und Ansichten mitgerissen. Dies geschieht ziemlich automatisch und unbewusst. Wenn Sie dieses automatisch reagierende Denken bemerken, können Sie es freundlich benennen als „Oh-ja-Denken" und Ihr Gewahrsein sanft wieder darauf richten, die rein körperlichen Empfindungen zu spüren, ohne zu urteilen.

Dies bedeutet, dass Sie sich für die angenehmen und unangenehmen Empfindungen öffnen. Sie kultivieren eine nicht urteilende, freundliche Beziehung zu diesen Aspekten des Fühlens.

Und wenn es juckt?

Besteht ein Juckreiz, können Sie mit diesem Gefühl atmen, ohne darauf zu reagieren, ohne sich zu bewegen. Wenn Sie den Impuls verspüren, sich zu bewegen, spüren Sie ihn einfach mit geduldigem Gewahrsein, und wenn Sie sich trotzdem bewegen, tun Sie es langsam und mit Gewahrsein, als Teil Ihrer Meditation.

Und wenn der Schmerz sehr intensiv ist?

Einige Empfindungen, wie zum Beispiel Schmerz, können sehr unangenehm sein. Wenn eine solche Erfahrung in der Meditation aufkommt, ist dies eine Gelegenheit, an Ihrer Beziehung zu Schmerz zu arbeiten. Sie richten Ihre Aufmerksamkeit auf den Bereich, der die intensiven Empfindungen erfährt, und untersuchen, ob Sie die Empfindungen öffnen und abmildern können. Gewähren Sie dem, was sich darbietet, Raum, so gut es Ihnen möglich ist. Auf diese Weise können Sie inmitten des Schmerzes zu etwas Ruhe und einer annehmenden Haltung finden…

Und wenn der Schmerz mich überwältigt?

Wenn die Schmerzempfindung zu stark ist und Sie nicht bei der Erfahrung freundlicher Aufmerksamkeit bleiben können, besteht immer noch die Möglichkeit, sich auf den Atem zu konzentrieren. Der Atem ist Ihr Anker. Wenn Schmerz das Ergebnis einer langen, ruhigen Körperhaltung ist, können Sie Ihre Haltung langsam, mit Gewahrsein ändern. Falls nötig, können Sie sich hinlegen oder strecken.

In der Stille begegne ich mir selbst ganz.
Stille gewährt dem, was gehört,
gedacht, gefühlt werden will, Raum.
Da ist, und da ist, und da ist…
Gewahrsein in stiller Einfachheit.
Die unvorhersehbare Einzigartigkeit
jedes Moments erfahren.

Das Flüstern bedrückender Gedanken…
Das Schreien stechender Schmerzen…
Der Aufprall von Ungeduld, Ärger und Abwehr…
Verführt sein von entzückter Freude und
dem Verlangen nach mehr…
Zwischen körperlichem Unbehagen und
Wohlbefinden hin- und hergerissen…

Und stets aufs Neue spricht die Stille
das Unausgesprochene aus…
Bis alle Teile von Achtsamkeit berührt werden.
Jetzt verwundbar, dann wieder stark,
Jetzt einsam, dann wieder in Verbindung,
Leiden und Glück in einem endlosen Tanz
willkommen heißen als Freund.

Und in der Stille werde ich wieder ganz.
Im Sein im Gewahrsein offenbart sich Weisheit
und innere Ruhe und Freiheit werden geboren.
Wieder und wieder…

Ann Vansteenwinckel

Einsichten

Einsicht 1: Denken und noch mehr denken

Eines der ersten Dinge, die Sie bemerken werden, wenn Sie ruhig dasitzen und Ihre Aufmerksamkeit nach innen richten, ist die Tatsache, dass Sie beinahe unaufhörlich denken. Selbst wenn Sie die Absicht hatten, Ihre Aufmerksamkeit auf Ihren Bauch gerichtet zu halten, sind alle möglichen Gedanken da, die Ihnen Phantasien, Sorgen, Meinungen, Erinnerungen, Pläne usw. bringen.

Wir haben eigentlich keine wirkliche Kontrolle darüber, es geschieht einfach. In der Meditationstradition bezeichnen wir dies als „Affengeist". Wie ein Affe, der auf unberechenbare Weise von einem Ast zum nächsten hüpft, springt auch unser Denken von einem Thema zum nächsten.

Dieser Denkprozess findet, wie es scheint, unterhalb der Schwelle des „vollen Bewusstseins" statt. Dort haben automatische, negative Gedanken freie Bahn, und bevor es uns bewusst wird, reißen Sie uns mit in eine überwältigende Emotion hinein, wie zum Beispiel Angst, Ärger oder Depression.

Es ist wichtig, dieses Denken nicht zu bewerten. Es ist unvermeidlich, dass Gedanken aufkommen. So funktioniert der Geist nun einmal.

Der Zweck der Meditation besteht nicht darin, frei von Gedanken zu sein; vielmehr wollen wir sehen, welche Wirkung diese Gedanken bei uns erzeugen. Uns wird klar, wie vorübergehende Gedanken uns wegführen zu Plänen, Sorgen oder Emotionen, die sich aufbauen.

Dass Sie des Denkprozesses gewahr geworden sind, ist bemerkenswert. Ihnen ist etwas bewusst geworden, dass unbewusst stattfand. Dies verleiht Ihnen die Freiheit, loszulassen und die Aufmerksamkeit sanft wieder dem Atem zuzuwenden. Das ist wichtig beim Umgang mit Stress, Angst oder Depression. Jedes Mal, wenn Sie einen Gedanken erkennen und loslassen, trainieren Sie Ihre Fähigkeit, stresserfüllte, angstbesetzte oder deprimierende Gedanken ebenfalls loszulassen. Die Abwärtsspirale wird auf diese Weise durchbrochen und wir kehren zur Erfahrung des gegenwärtigen Augenblicks zurück. Dies kann während einer Meditation tausendmal geschehen.

Einsicht 2: Kontrolle

Wir wollen die Kontrolle haben und „nicht denken". Ist Ihnen schon einmal aufgefallen, wie oft Sie Gedanken beurteilen, wenn sie „wieder" erscheinen? Dann werden Sie ärgerlich und Bewertungen kommen auf. Diese Form der Reaktion erzeugt jedoch nur noch mehr Gedanken. Darum lassen wir einfach zu, dass Gedanken da sind.

Wir nehmen zur Kenntnis, dass Denken vorhanden ist, und bewerten es nicht. Die Macht des denkenden, kontrollierenden Geistes kann nicht mit Willenskraft gebrochen werden. Wir können Ihrer nur gewahr werden.

Gewahrsein umfasst sowohl Wahrnehmen als auch So-sein-Lassen, Sehen und Zulassen. Loslassen erfordert keine besondere Anstrengung. Es ist ein Prozess, der spontan stattfindet, wenn wir darauf zu achten beginnen, was hier und jetzt vor sich geht, in unserer Erfahrung. Es ist eine Verlagerung von „denken über" hin zu „achtsam sein mit". Dadurch sind Sie aus dem Inhalt eines Gedankens herausgetreten und betrachten den Gedanken als „Denkprozess". Dies mildert die obsessive Kraft des denkenden Geistes.

Sie können es freundlich als „Denken" bezeichnen, ohne es zu beurteilen. Sie können Begriffe wie „denken", „sehen" oder „Bilder" verwenden. Benennen hilft dabei, uns mit dem zu verbinden, was hier jetzt ist. Es trennt uns vom Inhalt der Gedanken.

Einsicht 3: Normen und Ansichten

Oft beurteilen wir unsere Gedanken, Gefühle und Fähigkeiten. Wir alle haben einen Wertmaßstab, dem „ich" oder die Meditation entsprechen soll. „Ich muss mich entspannen, ich muss sehr gut sein, es soll mir ein großartiges Gefühl vermitteln."

Dies alles sind Normen in unserem Geist, denen wir krampfhaft entsprechen wollen. Gelingt uns dies nicht, verurteilen wir uns selbst oder unsere Meditation und denken: „Schlechtes Ich" oder „armselige Meditation".

Meditation wird zu etwas, das wir tun müssen, um etwas zu erreichen, und der neue Maßstab bildet lediglich eine neue Quelle der Frustration und des Unbehagens. Das Paradox besteht darin, dass das Sich-entspannen-Wollen Spannung hervorruft.

Lösen Sie sich darum von der Vorstellung, etwas richtig oder falsch machen zu können. Was auch immer aufkommt: Bleiben Sie so klar, wie es Ihnen möglich ist, bei der Erfahrung des Augenblicks, ohne sie als richtig oder falsch zu beurteilen und ohne auf sie zu reagieren. Denn genau diese urteilenden Reaktionen des Anhaftens und der Ablehnung sind die Ursache für mehr Stress und Unbehagen.

Sehen Sie, ob Sie einfach zulassen können, Sie selbst zu sein, genau so, wie Sie gerade sind. Entspannung tritt letztendlich ein, indem Sie die Erfahrung zulassen, auch Spannung.

Wir versuchen nicht, Gedanken zu ändern. Dies wäre wieder ein subtiler Kampf mit dem, was ist. Aufkommende Gedanken sind einfach aufkommende Gedanken. Seien Sie sich der Gedanken bewusst, wenn sie erscheinen. Das allein ist schon ausreichend, um zu verhindern, dass Gedanken Sie in ein obsessives Aufbauen von Stress hineinziehen.

Einsicht 4: Anhaften, Ablehnung und Abgrenzung

Wenn eine Erfahrung angenehm ist, reagieren wir mit Anhaften. Ist sie unangenehm, reagieren wir mit Ablehnung. Ist sie neutral, reagieren wir mit Desinteresse oder Abgrenzung. Ohne bewusstes Gewahrsein sind wir anfällig für diese Kräfte. Wir neigen dazu, zu analysieren, zu grübeln, Schuld zuzusprechen oder zu urteilen, und andere geistige Reaktionen versuchen, an dem, was ist, festzuhalten oder davon abzulenken.

Dies sind unheilsame Gewohnheiten, für uns zu sorgen. Leider lenkt diese Art und Weise zu reagieren unsere Aufmerksamkeit vom Jetzt ab, weg vom Körper und dem einzigen Ort, wo das Leben voll erfahren werden kann.

Wir lernen, diese Gefühle zu erkennen und uns mit ihnen anzufreunden. Wir sind wachsam gegenüber den Reaktionen auf die Gefühlsqualitäten, die wir erfahren. Wir kultivieren ein nicht urteilendes, nicht reaktives Gewahrsein gegenüber diesen Reaktionen und sind entschlossen, loszulassen.

Die Aufmerksamkeit wird den Erfahrungen im Körper zugewandt. Statt mit Ablehnung zu reagieren, bleiben wir bei dem, was wir fühlen, selbst wenn es unangenehm ist. So gut wir es vermögen, wenden wir unsere volle Aufmerksamkeit dem zu, was hier und jetzt zu erfahren ist.

Letztlich geht es darum, Respekt gegenüber der eigenen Erfahrung und sich selbst gegenüber zu kultivieren. Darum ist es wichtig, Ungeduld, Ärger, Langeweile und andere unangenehme Zustände mit Nachsicht zu erkennen.

Zu diesem Zweck können wir mit einem kleinen inneren Lächeln experimentieren. Erkunden Sie, ob dies Sie einem nicht urteilenden, freundlichen Gewahrsein näher bringt. Das innere Lächeln kann Sie dabei unterstützen, Raum zu entwickeln, in dem Sie Ihre Erfahrung zulassen können, ohne sie zu kontrollieren oder zu manipulieren.

Heilsame Konzentration

Konzentration in der Meditation

Konzentration bedeutet die Möglichkeit, die Aufmerksamkeit ununterbrochen auf einen Punkt zu richten. Diese Fähigkeit kann mit Willensstärke entwickelt werden.

Während wir das Fokussieren des Atems und den Body Scan durchführen, richten wir unsere Aufmerksamkeit auf den Atem und den Körper, und dadurch entwickeln wir Konzentration. Diese Stabilität der Aufmerksamkeit ist wesentlich, um ruhig und friedvoll zu werden und in der Lage zu sein, die Herausforderungen des Alltags souverän zu bewältigen.

Trotzdem gibt es in der Achtsamkeit nicht ausschließlich einen einzigen Fokuspunkt, auf den man sich so stark konzentriert, dass alle anderen äußeren Reize ausgeschaltet werden. Eine solche Aufmerksamkeit ist zielorientiert und strebt oft einen bestimmten Zustand an, wie zum Beispiel Entspannung. An sich ist daran nichts falsch, aber es führt nicht zu jener tieferen Einsicht, die während der Achtsamkeitsmeditationen erlangt wird.

Achtsamkeitsmeditation bringt eine tiefere Einsicht mit sich und macht dabei Gebrauch von der Konzentration. Beide gehen Hand in Hand. Normalerweise entwickeln wir zuerst Konzentration und stabile Aufmerksamkeit als Anker. So können wir Gedanken und Ablenkungen, die uns von unserem gewählten Fokus abbringen, schneller loslassen.

Dass der Geist abgedriftet ist, erkennen wir durch ein umfassenderes Gewahrsein. Konzentration kann weiterhin im Prozess der Meditation genutzt werden, um tiefere natürliche Gesetze zu ergründen, wie „Wandel, wechselseitige Abhängigkeit, Unbeständigkeit und Nicht-Selbst". Dies wiederum führt uns zu heilsamem Verständnis, was den Kreis wieder schließt.

Ein subtiles Gleichgewicht

Konzentration und Gewahrsein halten sich gegenseitig im Gleichgewicht. Sie können sehr konzentriert sein und sich gleichzeitig nicht der Tatsache bewusst sein, dass Sie wütend sind. Es ist das Gewahrsein, das erkennt, was ist, während es ist. In der Meditation bedeutet dies, dass wir mit beiden Elementen arbeiten. Sie öffnen Ihr Feld des Gewahrseins. Schläfrigkeit kann bedeuten, dass zu viel Konzentration vorhanden ist. Sie bemerken nicht, dass Sie in einen anderen Zustand abgleiten. Wenn Schläfrigkeit vorhanden ist, können Sie mehr Gewahrsein in Ihre Meditation einbringen, indem Sie zum Beispiel auf die Geräusche hören, die Sie umgeben. Dies bewirkt, dass Sie sich wieder mit dem gegenwärtigen Augenblick verbinden.

Auf der anderen Seite kann es hilfreich sein, mehr Konzentration in die Meditation zu bringen. Wenn Sie etwa merken, dass Sie sich leicht ablenken lassen, stärkt Konzentration Ihren Anker. Dies gelingt, indem Sie der Erfahrung des Atmens selbst mehr Neugier entgegenbringen. Sie können insbesondere auf den Anfang und das Ende jedes Atemzugs und die Pausen zwischen dem Ein- und dem Ausatmen zoomen. Sie können auch mit jedem Atemzug zählen.

Meditation für eine bessere Konzentration

Sitzen Sie in einer würdevollen Haltung.
Beginnen Sie, Ihren Atem zu beobachten.
Zählen Sie jeden Atemzug von eins bis zehn.
Setzen Sie die Zahl bestimmt und freundlich an das Ende jedes Ausatmens.
Beginnen Sie von vorn, wenn Sie bei zehn angelangt sind.
Tun Sie dies fünf bis zehn Minuten lang.
Setzen Sie nun die Zahl bestimmt und freundlich an den Anfang jedes Einatmens.
Tun Sie dies fünf bis zehn Minuten lang.

Konzentration im Leben

Konzentration hat Vorteile. Sie können Ihre Aufgaben effizienter erledigen. Im Alltag bedeutet richtige Konzentration, jeweils nur eine Sache zu tun. Unsere Gesellschaft hat „Multi-Tasking" lange Zeit überbewertet. Eine wachsende Anzahl von Studien zeigt jedoch, dass es produktiver ist, sich auf eine bestimmte Sache zu konzentrieren. Und genau das tun wir, wenn wir langsamer werden. Wir widmen dem, was wir tun, Aufmerksamkeit, während wir es tun. Dies gewährleistet auch, dass alle automatischen negativen Gedanken und Denkmuster geringere Chancen haben, uns zu überwältigen.

Wenn Konzentration unheilsam wird

Dadurch, dass wir unsere Willenskraft nutzen, um all unsere Aufmerksamkeit auf das zu fokussieren, was wir erlangen wollen, können wir unser Ziel schnell und energisch erreichen. Dies kann eine Besessenheit werden. Das Ziel hat Vorrang und wir vergessen dabei den Weg. Alles Mögliche bricht unterwegs zusammen, wir verletzen andere und missbrauchen Macht. Manchmal ist uns dies nicht bewusst.

Weil wir nur einen Punkt sehen, entsteht blinder Fanatismus. Andere werden als Hindernisse gesehen, die aus dem Weg geräumt werden müssen. Selbst auf den Körper hören wir nicht. Wir erschöpfen uns selbst in unheilsamer Absicht und Anstrengung.

Es ist das Gewahrsein, das es uns ermöglicht zu erkennen, dass wir uns selbst erschöpfen oder andere benutzen, um unsere Ziele zu erreichen. Werden wir zum Beispiel leicht ärgerlich, wenn uns jemand unterbricht, dann ist das Gleichgewicht zwischen Konzentration und Achtsamkeit gestört. Wir sind zu zielorientiert.

Selbstprüfung: Zu starker Fokus

Wo bin ich zu stark auf meine Ziele fokussiert?
Versäume ich etwas in meinem Leben, hier und jetzt?

Selbstprüfung: Zu schwacher Fokus

Wo gebe ich zu leicht auf?
Was braucht mehr Aufmerksamkeit?

Der achtfache Pfad und Depressionen

Heilsames Verständnis
Ich weiß, dass traurige Gefühle Teil des Lebens und unvermeidlich sind.
Ich weiß, dass diese Gefühle kommen und gehen.
Der heutige Tag ist so, der morgige ist anders.

Heilsame Absicht
Ich gebe mir selbst das Versprechen, mich respektvoll um meine Gefühle zu kümmern.
Ich kann ihnen Aufmerksamkeit zuwenden, ohne sie zu beurteilen oder auf sie zu reagieren.

Heilsame Rede
Ich kann meine Grenzen setzen, falls nötig.
Ich kann um Hilfe bitten.
Klagen hilft nicht.

Heilsames Handeln

Ich kann das Notwendige unternehmen, um für mich und meine Gefühle zu sorgen. Manchmal ist es das Beste, achtsam und mit Wertschätzung eine Tasse Tee zu trinken.

Heilsamer Lebenserwerb

Ich kann mein Leben so organisieren, dass es mir und meiner Beziehung zu meinen Mitmenschen einen tieferen Sinn verleiht.

Heilsame Anstrengung

Wenn ich deprimiert bin, würde ich oft am liebsten im Bett bleiben. Ich weiß, dass es wichtig ist, meine anfängliche Trägheit zu überwinden. Ich kann mir ins Gedächtnis rufen, dass es mir gefallen wird, spazieren zu gehen, wenn ich erst einmal unterwegs bin.

Heilsame Achtsamkeit

Ich weiß, dass unerkannte negative Gedanken mich noch mehr hinunterziehen können. Darum bin ich auf der Hut vor ihnen, sobald sie auftauchen. Ich werde sie weder beurteilen, noch werde ich sie nähren. Dieses achtsame Gewahrsein wird mich dabei unterstützen, wachsam gegenüber frühen Warnsignalen einer bevorstehenden Depression zu bleiben. Achtsamkeit ist hilfreich, um das Hier und Jetzt wertzuschätzen.

Heilsame Konzentration

Wenn ich von einer Reaktion des Ärgers oder des Klagens überwältigt werde, kann ich mich auf meinen Atem konzentrieren.

Wenn ich alles in negativem Licht sehe, kann ich meine Aufmerksamkeit auf das richten, was im Leben gut läuft. Auf diese Weise kultiviere ich auch „heilsames Denken".

Wissen sagt, was war,
Aufmerksamkeit zeigt, was ist.

Der achtfache Pfad und Schmerzen

Heilsames Verständnis
Schmerz ist vorhanden und er gehört zu meinem Leben. Es ist meine
Entscheidung, wie ich mich dazu in Beziehung setze.

Heilsame Absicht
Ich kann meinem Schmerz respektvoll Aufmerksamkeit widmen. Das
bedeutet, ich erkenne den Schmerz an, enthalte mich einer Reaktion
darauf und entspanne mich in die Realität des Schmerzes hinein. So
erzeuge ich keine unnötige Anspannung und kein Leid.

Heilsame Rede
Ich kann das ausdrücken, was ich tief in meinem Herzen fühle, wenn ich
Schmerz oder Verständnislosigkeit erlebe. Wenn mein Reden über den
Schmerz in „Klagen und Selbstmitleid" ausartet, entsteht Leiden.

Heilsames Handeln
Ich kann das Notwendige unternehmen, um für mich und meine Gefühle Sorge zu tragen. Ich kann angenehme Dinge einplanen und ihnen
besondere Aufmerksamkeit widmen.

Heilsamer Lebenserwerb

Schmerz kann mein Leben sehr stark beeinflussen. Es ist vielleicht notwendig, mich umzuorientieren und meinem Leben auf andere Weise einen Sinn zu verleihen. Mein Beitrag zur Welt muss deswegen nicht geringer sein, er kann einfach anders sein.

Heilsame Anstrengung

Mein Schmerz zwingt mich häufig, langsamer zu werden. Ich gebe mir selbst das Versprechen, auf meinen Körper zu achten. Es ist wichtig, meine Grenzen zu respektieren. In jedem Augenblick auf den Körper zu hören und Yoga mit sanfter Aufmerksamkeit können mich dabei unterstützen. Ich werde mir genügend Zeit nehmen, um mich zu entspannen.

Heilsame Achtsamkeit

Der Schmerz zwingt mich, jeder Bewegung und jedem meiner Schritte Aufmerksamkeit zu widmen. Dieses Gewahrsein kultiviert eine Haltung der Fürsorge für mich selbst. Ich bin wachsam gegenüber frühen Anzeichen, die darauf hinweisen, dass meine Grenzen erreicht sind.

Wenn ich von einer Reaktion des Grübelns oder des Klagens mitgerissen werde, kann ich erneut meine Aufmerksamkeit auf den gegenwärtigen Augenblick richten.

Heilsame Konzentration

Wenn ich tief in den Schmerz hineinblicke, sehe ich, dass nicht jeder Teil meines Körpers so viel Schmerz erfährt. Ich kann auch schmerzfreie Bereiche wertschätzen, indem ich meine Aufmerksamkeit bei ihnen verweilen lasse. So kommt es beispielsweise in dem Moment, wenn ich mich hinlege, zu einem Gefühl der Entspannung in meinem Körper.

TEIL 2

Achtsamkeit und Psychologie

Achtsamkeit in der Therapie

Geschichte

Vor 2500 Jahren

Die Praxis der Achtsamkeitsmeditation ist etwa 2500 Jahre alt. Siddharta Gautama (Buddha), Sohn eines Königs, war schockiert, als er plötzlich mit menschlichem Leiden konfrontiert wurde, nachdem er lange Zeit ein überbehütetes Leben geführt hatte. Er war entschlossen, das Geheimnis menschlichen Leidens zu enthüllen.

Er studierte mit mehreren Yogis und Meistern und praktizierte die höchste Form der Meditation. Indien war in der Tat ein Land, in dem Meditieren und Meditation sehr verbreitet waren. Obwohl er feststellte, dass er sich während der Meditation gut fühlte, fand er, dass sich dennoch nicht viel geändert hatte, nachdem er wieder aus der Meditation aufgetaucht war. Die alltäglichen Sorgen und Nöte blieben weiterhin bestehen.

Entschlossen, wie er war, folgte er seinem eigenen Meditationsweg. Meditationsobjekt war sein eigener Geist: Gedanken, Emotionen, Empfindungen, Impulse und Reaktionen. So gelangte er zu einer tieferen Einsicht in die Natur des konditionierten Geistes mit seinen Aspekten des Anhaftens, der Ablehnung und der Verblendung. Er entdeckte den Weg zur Freiheit.

Ein einzigartiger Beitrag

Diese Form meditativer Aufmerksamkeit ermöglicht es uns, frei zu werden von zwanghaften, unheilsamen Mustern, die unser Leben bestimmen. Durch Konzentration auf ein Objekt, eine Visualisierung oder Mantra-Meditation ist diese Freiheit jedoch nicht zu erlangen. Darin unterscheidet sich die Einsichtsmeditation von den meisten anderen Formen der Meditation. Diese Formen der Meditation führen zwar zur Entspannung, aber nicht zu tieferer Einsicht.

Mitunter spricht man vom Buddha als „Medizin-Buddha". Seine Lehre der vier edlen Wahrheiten lässt sich als medizinische Diagnose und Behandlung beschreiben:

Die erste edle Wahrheit ist das Symptom: Duhkha.
Die zweite edle Wahrheit ist die Ursache: Unsere Beziehung zu dem, was da ist.
Die dritte edle Wahrheit ist die Prognose: Freiheit.
Die vierte edle Wahrheit ist das Rezept: der achtfache Pfad.

Das 20. und 21. Jahrhundert

Im letzten Jahrhundert verbreitete sich die Einsichtsmeditation auf der ganzen Welt unter der Bezeichnung Vipassana. Vipassana heißt „klar sehen". Es bedeutet, wir lernen, die Realität ohne emotionale Verwirrung bzw. ohne religiöse oder kulturelle Konditionierung zu sehen. Traditionell wird die Einsichtsmeditation im Westen in einem zehntägigen Retreat gelehrt. Andere Retreats können sogar von drei Monaten bis zu sechs Jahren dauern. Vipassana wird eher als eine Methode angewandt, die Lebensqualität zu verbessern, und weniger als Therapie.

Inzwischen wird Achtsamkeit jedoch bei mehreren Erkrankungen eingesetzt, wie zum Beispiel Krebs, Hautkrankheiten, Koronar- und Herzkrankheiten, AIDS, stressbedingten Magen- und Darmproblemen, Schlafstörungen, Angst, Depressionen und Schmerz.

Achtsamkeit wird nicht nur in die Welt der Medizin integriert, sondern auch in Schulen, Betrieben, in der juristischen Welt, in Haftanstalten und als Hilfsmittel im allgemeinen Stressmanagement eingesetzt. Der Stress und die emotionale Verwirrung unserer Gesellschaft tragen vielleicht zu dem wachsenden Erfolg der Achtsamkeit in unserer westlichen Welt bei.

Therapeutische Formen

Stressreduktion durch Achtsamkeit (MBSR)

1979 führte Jon Kabat-Zinn ein einfaches Acht-Wochen-Programm für Menschen des Westens ein. Sein Programm Stress Reduction through Mindfulness („Stressreduktion durch Achtsamkeit") war ursprünglich für Menschen gedacht, die unter nicht behandelbaren chronischen Schmerzen litten. Bald kamen neue Anwendungsgebiete hinzu, wie Stressbewältigung, psychische Beschwerden wie Angst und körperliche Beschwerden wie Schuppenflechte.

Inzwischen hat sich das Programm in ganz Amerika und in 15 weiteren Ländern verbreitet, einschließlich England, Deutschland, Holland und Belgien.

Achtsamkeitsbasierte Kognitive Therapie (MBCT)

Zu einem großen Durchbruch in der Achtsamkeit kam es 2001, als Zindel Segal, John Teasdale und Marc Williams die Kernübungen des Standardprogramms ausgliederten und einige kognitive und Verhaltenstechniken hinzufügten. Sie nannten es MBCT bzw. Mindfulness Based Cognitive Therapy („Achtsamkeitsbasierte Kognitive Therapie").

Das erste Anwendungsgebiet von MBCT war die Rückfallprävention bei Depressionen. Das Gebiet hat sich jedoch zunehmend erweitert und MBCT wird nun bei spezifischen Störungen und Erkrankungen eingesetzt.

ACT und DBT

ACT und DBT sind zwei weitere gängige Therapieformen, in die Achtsamkeit als Teil einer umfassenderen Behandlung integriert wird. ACT steht für „Acceptance and Commitment Therapy", im Deutschen als „Akzeptanz- und Commitmenttherapie" bezeichnet, und DBT steht für „Dialectic Behavioral Therapy", deutsch „Dialektisch-Behaviorale Therapie".

Mind-Body-Medizin (MBM)

Mind-Body-Medizin ist das größere Gebiet, zu dem Achtsamkeit gehört. MBM gilt als eine Verschmelzung von Präventivmedizin, Psychologie und Spiritualität. Das gesamte Programm ist auf Körper und Geist ausgerichtet und will Teilnehmer dazu erziehen, besser mit Krankheit und Gesundheit umzugehen.

Durch Schulung erhalten die Teilnehmer Einblick in Themen, die die Gesundheit betreffen, was sie in die Lage versetzt, aktiv an ihrer Gesundheitsplanung mitzuwirken. Das Erlernen kognitiver Fähigkeiten steht an zentraler Stelle, insbesondere die Suche nach einer Balance zwischen dem Lösen, der Neuausrichtung und dem Akzeptieren von Problemen. Achtsamkeit spielt darin eine wesentliche Rolle.

Empfehlungen zu Körperübungen und gesunder Ernährung in Verbindung mit konkreter Verhaltensintervention helfen den Teilnehmern dabei, ihr Verständnis in ihrem Alltag umzusetzen. Außerdem befassen sie sich mit Kommunikationsfähigkeiten und Humor.

Das Erlernen von „Relaxation Response" spielt eine wesentliche Rolle im MBM-Programm. Diese Meditationstechnik wird von Herbert Benson beschrieben und richtet ihr Augenmerk auf Entspannung.

Relaxation Response

Nachdem er verschiedene religiöse Traditionen und philosophische Schriften studiert hatte, entdeckte Dr. Herbert Benson von der Harvard Medical School, dass es zwei Stufen gab, die einen physiologischen Zustand ermöglichten, der den Gegensatz zur Stressreaktion bildete. Er nannte dies „Relaxation Response". Er identifizierte die beiden Stufen in allen Zivilisationen und sah, dass sie normalerweise in einen religiösen Kontext eingebunden waren. Er entdeckte auch, wie sie losgelöst von einem religiösen Rahmen praktiziert werden und sich gesundheitlich positiv auswirken konnten.

Die zwei Stufen zur Entspannung

1. Geistige Ausrichtung auf das Wiederholen eines Wortes, Geräusches, Gebets oder einer Bewegung.
2. Wenn Gedanken aufkommen, zum Wiederholen zurückkehren.

Kognitive Psychologie

Gedanken und Stimmungen beeinflussen sich gegenseitig. Dies ist eine wichtige Information, mit der wir in Achtsamkeit und kognitiver Therapie arbeiten. Achtsamkeit widmet auch dem Einfluss der Körperempfindungen auf unsere Erkenntnis spezielle Aufmerksamkeit.

Einfluss der Gedanken auf die Stimmung

> Nicht die Dinge an sich beunruhigen den Menschen, sondern seine Sicht der Dinge.
>
> Epiktet

Unser Denken hört niemals auf. Wir sind fortwährend dabei, uns selbst, andere oder die Welt zu beurteilen. Wir entscheiden uns nicht wirklich dafür, dass wir uns nun eine Meinung bilden oder damit beginnen wollen, uns zu beklagen. Es ist eine automatische Reaktion geworden.

Unbewusst haben wir den Eindruck, wir hätten die Kontrolle, solange wir viel denken. Diese Ansicht schwirrt nach wie vor in unserem Kopf herum.

Denken ist nützlich, wenn wir den Herausforderungen des Lebens gegenüberstehen. Um die Emotion direkt anzugehen, bietet es jedoch wenig Trost. Wenn uns eine Emotion im Griff hat, ist unser Denken häufig reaktiv, verwirrt und urteilend. Dies führt lediglich zu weiterem Unbehagen und ist selten ein guter Ansatzpunkt.

Gedanken in der Kognitiven Psychologie

Kognitive Psychologie erforscht den Einfluss des Denkens auf die Stimmung. In Anbetracht der Schlussfolgerung, dass negative automatische Gedanken und Selbstanklagen zu einer Depression beitragen können, wird in der klassischen kognitiven Therapie versucht, negative Gedanken durch positive zu ersetzen.

Achtsamkeit hat dagegen einen anderen Ansatz. Die Haltung ist beobachtend und nicht wertend. Gedanken werden nicht in positive oder negative eingeteilt, sondern gehören zur Kategorie „Denken".

Es ist gemäß dem Ansatz der Achtsamkeit nicht sinnvoll, sich wegen bestimmter Gedanken zu verurteilen. Was wir denken, ist nicht so wichtig; vielmehr kommt es darauf an, wie sehr wir uns mit unseren Gedanken identifizieren, sobald wir sie bemerken. Wenn wir unsere Gedanken als schlecht und darum wahrscheinlich uns selbst als schlecht beurteilen, führt dies zu mehr emotionalem Schmerz und Frustration.

Der Kerngedanke ist folgender: „Wenn du deine Gedanken bewertest, kämpfst du gegen das an, was ist." Eine solche Haltung wird als unheilsam bezeichnet und verursacht mehr Konflikte. Mit nicht urteilender Aufmerksamkeit zu beobachten verhindert, dass wir in mehr Denken, Kummer, Sorgen und Ärger hineingezogen werden.

Gedanken in der kognitiven Therapie

Kognitive Therapie stellt praktische Verankerungen bereit, die Ihnen helfen, nicht durch die obsessive Art stressvoller Gedanken mitgerissen zu werden. Wenn ein stressvoller Gedanke die Führung übernimmt, stellen Sie sich folgende Fragen:

• Hilft dieser Gedanke mir dabei, unerwünschte Gefühle zu verhindern?
• Hilft dieser Gedanke mir dabei, Konflikte mit anderen zu vermeiden?
• Hilft dieser Gedanke mir dabei, meine Ziele zu erreichen?

Diese Fragen sind insbesondere hilfreich in Stress-Situationen, in denen stresserfüllte Gedanken eine zentrale Stellung einnehmen. Die Auseinandersetzung mit diesen Fragen schafft Raum und Perspektive.

Praktizieren Sie eine Zeitlang mit ihnen, bis Sie genug Übung haben. Die erste Frage konzentriert sich auf Sie, die zweite auf Ihre Beziehung zu anderen und die dritte auf Ihre Beziehung zum größeren Ganzen. Sie können die Fragen nach einer Atempause wirken lassen. Dies wird Ihnen zu einer zentrierten Perspektive verhelfen.

Gedanken in der Achtsamkeitsmeditation

Meditation bedeutet, aufmerksam zu sein, wenn Gedanken aufkommen, und sie zu beobachten, ohne etwas anderes zu tun. Wir versuchen weder, die Gedanken anzuhalten, noch sie zu verändern. Wir lassen den Denkprozess einfach zu, ohne ihn beeinflussen zu wollen. Wir betrachten das Denken als ein interessantes Ereignis.

Es geht nicht darum, ohne Gedanken zu sein. Gedanken werden sich im Verlauf des Tages immer wieder einstellen. Vielmehr geht es um die Fähigkeit, sie zu erkennen und zu sehen, ob sie heilsam oder unheilsam, realistisch oder abwegig sind. Dies versetzt uns in die Lage zu wählen, ob wir aufgrund eines bestimmten Gedankens handeln wollen oder nicht.

Drei Schritte in der Meditation

Erkennen

Aus dem tieferen Verständnis heraus, dass das Beurteilen von Gedanken uns nicht glücklich macht, sind wir entschlossen, sehr wachsam zu sein. Wenn wir Gedanken nicht erkennen, verleiten sie uns dazu, Stress aufzubauen.

Beobachten, ohne zu urteilen

Sobald wir die Gedanken bemerkt haben, beobachten wir sie mit nicht urteilender Aufmerksamkeit. Wir sehen sie freundlich als einen Teil unserer Erfahrung an und lassen uns von ihren Inhalten nicht herumkommandieren. Wir lassen nicht zu, dass sie uns bestimmen. Wir sehen Gedanken als Gedanken an und nicht als etwas, das uns selbst oder die Welt widerspiegelt.

… indem wir es benennen…

Der „Prozess" des Denkens wird benannt als „denken, denken…". Wenn Bilder unsere gesamte Aufmerksamkeit beanspruchen, dann wird dies benannt als „schauen, schauen…" oder „sehen, sehen…". Dieses Benennen hilft uns, nicht von den „Inhalten" der Gedanken mitgerissen zu werden. Zusammen mit dem Benennen formen der Atem und der Körper einen Verankerungspunkt, der uns davor bewahrt, uns in den Inhalten der Gedanken zu verlieren.

… und lächeln

Sind Gedanken hartnäckig, lächeln Sie sie an und umarmen Sie sie freundlich, denn dies ist normalerweise das Klügste, was Sie tun können. Wenn Sie Ihre Gedanken beurteilen, erzeugen Sie mehr Konflikte und mehr Gedanken. Also entspannen Sie sich einfach mit ihnen.

Fühlen

Manchmal beginnen wir, unsere Gedanken zu beobachten, aber sie bauen sich weiterhin auf. Gewöhnlich ist das ein Zeichen dafür, dass Sie ihren Inhalten teilweise zustimmen. Dies sind intensive Erfahrungen, die mit intensiven physischen Empfindungen einhergehen. Sie können sich dafür entscheiden, ihre Aufmerksamkeit in diese Empfindungen hineinzuzoomen. Dies beugt einem weiteren Aufbau von Stress vor. Es bedeutet, dass Sie von innen nach außen beobachten.

Darum: Wenn Gedanken uns
überwältigen, dann
verankern wir uns im Atem,
beobachten und benennen wir,
lächeln wir,
fühlen wir den Aufruhr unseres Körpers,
bleiben wir sitzen,
selbst wenn zwingende
Gedanken uns sagen, etwas zu tun.

Einfluss der Stimmung auf die Gedanken

Du siehst die Dinge nicht so, wie sie sind.
Du siehst die Dinge so, wie du bist.

Sokrates

Unangenehme Gefühle gehören zum Leben. Wir können sie nicht vermeiden. Es ist darum nicht realistisch, stets glücklich sein zu wollen. Wir haben dies bereits im Zusammenhang mit dem Achtfachen Pfad diskutiert. Dieser Wunsch ist an sich eine unheilsame Absicht und führt zu unheilsamen Bemühungen. Er beruht auf unheilsamem Verständnis.

Da unangenehme Gefühle Teil unseres täglichen Lebens sind, ist es wichtig, ihren Einfluss auf das, was wir wahrnehmen, auf unsere Gedanken, Überzeugungen und Handlungen, zu erkennen. Durch innere Präsenz können wir uns weise mit unseren eigenen Gefühlen und unserem inneren Universum verbinden.

Stimmung in der kognitiven Psychologie

In jüngerer Zeit wurde in der kognitiven Psychologie der Einfluss der Stimmung auf die Gedanken erforscht.

Jede emotionale Erfahrung erzeugt bestimmte Gedanken. Diese Gedanken sind selten objektiv. Sie führen zu verzerrten Meinungen und Interpretationen. Sie sind urteilend und messen alles daran, wie man sich fühlen sollte. Diese Gedanken haben wiederum einen schlechten Einfluss auf die Stimmung.

Die Gedankenreaktion, die auf eine emotionale Erfahrung folgt, ist Teil des „Handlungs-Modus". Sie bedeutet ein unbewusstes Bemühen, zu kontrollieren, verbunden mit dem Wunsch, eine Veränderung herbeizuführen. Forschungen haben gezeigt, dass dieser „Handlungs-Modus" depressive Stimmungen verstärkt. Er setzt eine Negativspirale in Gang. Das Problem bleibt fortwährend im Zentrum der Aufmerksamkeit und wir verlieren den Kontakt zu dem, was wirklich geschieht.

In der kognitiven Therapie wird hauptsächlich mit den verzerrten Interpretationen gearbeitet, die das Ergebnis von Emotionen sind. Gedanken werden untersucht, um zu sehen, ob sie objektiv oder subjektiv sind.

In der Meditation richten wir unmittelbare Aufmerksamkeit auf die Gefühle selbst. Wir sehen, wie sie Gedanken erzeugen, wir lassen die Gedanken da sein und lassen dem Gefühl unsere volle Aufmerksamkeit zuteil werden. Wir atmen mit ihm und geben ihm Raum, wodurch das Gefühl weniger reaktiv wird.

Stimmung in der kognitiven Therapie

In der kognitiven Therapie untersuchen wir, welchen Einfluss die Stimmung auf die Gedanken und insbesondere auf unsere Interpretationen ausübt.

Bist du verliebt, sieht die Welt rosa aus.
Bist du bedrückt, sieht sie grau aus.

Wir sind sogar davon überzeugt, dass die Welt tatsächlich grau ist, wenn wir bedrückt sind. Und dennoch: Wenn es uns wieder besser geht, stellen wir fest, dass unsere Meinung über uns, andere und die Welt ebenfalls anders aussieht. Darum: Nur weil ein Gedanke zu einem bestimmten Zeitpunkt den Eindruck erweckt, wahr zu sein, heißt dies nicht, dass er an sich immer wahr ist.

Die wesentliche Frage ist, ob Ihr Gedanke *eine Beobachtung oder eine Interpretation* ist. Eine Beobachtung bedeutet, jeder hat die gleiche Meinung. Sie können zum Beispiel die Wolken ansehen und sagen: Es ist wolkig. Das ist eine Beobachtung. Sie können denselben Himmel anschauen und sagen: Das Wetter ist schlecht. Das ist insofern eine Interpretation, als nicht jeder der Aussage, dass ein wolkiger Himmel schlechtes Wetter bedeutet, zustimmen wird. Hier ist es wichtig, den Definitionsunterschied zwischen Beobachtung und Interpretation zu beachten.

Interpretationen sind zudem dadurch gefärbt, dass man persönlich von der Situation betroffen ist. Verläuft alles gut in Ihrem Leben und die Perspektiven sind hervorragend, werden Sie durch missliche Umstände emotional nicht so leicht aus dem Gleichgewicht geworfen. Sind Sie hingegen voller Angst und Ungewissheit, wird selbst der kleinste Rückschlag Ihnen größere Schwierigkeiten bereiten.

Sie können Ihre Interpretation relativieren, indem Sie sich selbst die folgenden Fragen stellen:

- Werde ich dadurch beeinflusst, dass ich emotional beteiligt bin?
- Ist dies eine Interpretation oder eine Beobachtung?
- Könnte ich es auch anders sehen?

Diese Fragen werden Ihnen dabei helfen, die Situation ohne emotionale Brille zu sehen. Zumindest werden Sie sich Ihres Filters bewusst und können die Verantwortung übernehmen.

Es ist am besten, ein wenig mit diesen Fragen zu üben. Vielleicht entdecken Sie ja selbst noch eine eigene Variante, die Sie diesen Fragen hinzufügen können. Eine Atempause einzulegen, bevor Sie diese Fragen stellen, hilft Ihnen dabei, sich von Ihrer auf automatischen Reaktionen beruhenden Perspektive zu lösen. Dass Sie bereit sind, diese Fragen zu stellen und Ihre „Rechtfertigung" loszulassen, ist ein großer Schritt.

Stimmung in der Meditation

Achtsamkeit legt den Schwerpunkt darauf, wie mit dem „Handlungs-Modus" umzugehen ist. Gelehrt wird die Fähigkeit, in den „Seins-Modus" zu wechseln. Die Stimmung erhält so, wie sie im Körper gespürt wird, nicht urteilende und nicht reaktive Aufmerksamkeit. Es findet kein unmittelbares Bemühen statt, irgendetwas zu lösen, zu analysieren oder sogar zu verstehen. Wenn diese geistigen Reaktionen oder andere Gedanken aufkommen, lassen wir sie los. Es ist eine vollkommene Hingabe an das Jetzt, und dies verlangt, dass wir uns auch vom Warum lösen. Der Körper bildet einen Anker.

Wenn wir die Emotion erkennen, können wir sie behutsam benennen. Dies stellt eine klare und respektvolle Verbindung her zu dem, was ist. Benennen stabilisiert zudem unsere Aufmerksamkeit. Zum Beispiel: Da ist Zorn … Diese Art des Benennens ermöglicht Raum, weil wir dadurch persönlich weniger betroffen sind. Es entsteht ein Gefühl der Ruhe, wenn wir uns selbst weniger persönlich nehmen.

Meditation: Emotion und Gedanken

Sitzen Sie mit Würde und Sanftheit.
Verankern Sie Ihr Gewahrsein in Ihrem Atem.
Zoomen Sie in physische Empfindungen hinein, die als Folge der Emotion entstanden sind. Vielleicht spüren Sie Druck oder Schmerz oder Ihren Herzschlag.
Sie werden feststellen, dass Meinungen, Selbstanklagen und Phantasien über Verbrechen und Bestrafung aufkommen, um Sie von der körperlichen Erfahrung wegzuführen.
Sehen und erfahren Sie dies, ohne zu urteilen, und lassen Sie es los.
Richten Sie den Fokus Ihrer Aufmerksamkeit wieder auf die Emotion in Beziehung zu Ihrem Körper, mit Freundlichkeit und Entschlossenheit.
Benennen Sie das Gefühl und würdigen Sie die Erfahrung.
Gewähren Sie dem Prozess die Zeit und Aufmerksamkeit, die er braucht.
Lassen Sie einen sanften Raum den Prozess tragen.

Der Körper in der Therapie

Gedanken, Gefühle und physische Empfindungen arbeiten ständig zusammen. Normalerweise erhält der Körper keine Aufmerksamkeit. Doch der Körper ist der Ort, an dem wir Schmerz, Trauer, Furcht und andere unangenehmen Gefühle spüren.

Untersuchungen haben ergeben, dass der Körper eine wichtige Rolle in kognitiven Prozessen spielt. Körperempfindungen bilden zusammen mit Gedanken und Gefühlen bestimmte Programme, die als Cluster reaktiviert werden können. Diese Cluster befördern uns in eine Negativspirale.

Der Körper

Diese tieferen Erkenntnisse zeigen, wie wichtig es ist, den Körper in die Therapie einzubeziehen. Nicht urteilende, in den Körper gerichtete Aufmerksamkeit zu festigen ist eine ideale Methode, grüblerische Reaktionen, die zu Depressionen führen, geschickt zu bewältigen.

Mut und Freundlichkeit

Es erfordert Mut, bei dem zu bleiben, was wir fühlen. Sehr häufig haben wir gelernt, über unseren Körper nachzudenken, statt ihn zu spüren. Emotionalen Schmerz empfinden wir überall im Körper. Die Intensität der Emotionen erscheint uns unerträglich. Mit Mut und Durchsetzungsvermögen können wir jedoch bei dem bleiben bzw. dem standhalten, vor dem wir lieber davonlaufen würden.

Mut wird durch Freundlichkeit ergänzt. Freundlichkeit bedeutet, dass wir unserer Erfahrung erlauben, zu sein. Dafür lösen wir uns von unseren Ansichten und zwanghaften Gedanken über unsere Emotionen oder die Situation, die die betreffende Emotion hervorgerufen hat. Freundlichkeit erzeugt Raum.

Gewahrsein des Körpers

Wenn wir unsere Aufmerksamkeit auf den Körper richten, stellen wir fest, dass Gedanken fortwährend Aufmerksamkeit fordern und uns vom Körper ablenken. Geschichten bauen sich auf, Meinungen sind da, Erinnerungen gelangen an die Oberfläche, und plötzlich merken wir, dass wir denken, statt sanft mit unseren Gefühlen zu atmen.

Sobald wir dies erkennen, können wir loslassen und zum Gefühl in unserem Körper zurückkehren.

Wir leugnen nicht, was wir fühlen, wir laufen nicht davor weg, und wir dramatisieren es nicht. Ein Gefühl zuzulassen bedeutet, vom Kopf auf den Körper umzuschalten, von der Analyse zum körperlichen Gewahrsein. Dadurch, dass wir die Aufmerksamkeit dem Körper zuwenden, sind wir nicht mehr verstrickt in das, was wir denken.

Meditation:
Die in den Körper gerichtete Aufmerksamkeit stabilisieren

Sie können diese Meditation im Liegen, Sitzen oder Stehen durchführen.
Schließen Sie die Augen.
Beginnen Sie damit, dreimal ein- und auszuatmen.
Spüren Sie den Atem tief in Ihrem Körper.
Führen Sie nun Ihre Aufmerksamkeit in verschiedene Bereiche des Körpers: in Ihren Kopf, Ihre Kehle, Ihre Brust und Oberarme, Ihren Magen und Ihre Unterarme, Ihre Hüften und Ihre Füße.
Atmen Sie und gestehen Sie jedem Bereich Zeit zu.
Bleiben Sie freundlich bei dem, was Sie fühlen.

TEIL 3

Achtsamkeit als Lebenskunst

Offenes Herz

Sanfter Blick

Klare Absicht

Mit Achtsamkeit leben

Achtsamkeit zielt darauf ab,
dass wir jeden Augenblick unseres Lebens in vollen Zügen leben.

Letztendlich geht es um unser Leben. Wir alle wollen glücklich sein. Zu bekommen, was wir haben wollten, bringt jedoch viel weniger Befriedigung, als erwartet; das haben Forschungen ergeben. Es geht nicht so sehr darum, was geschieht, sondern darum, wie wir ihm Aufmerksamkeit widmen.

Das lernen wir in der Achtsamkeit. Grundlage ist, dem einzigen Moment, den wir haben, Aufmerksamkeit zu schenken. Daran ist nichts Mystisches oder Magisches. Es ist für jeden.

Meditation beschränkt sich nicht nur darauf, dass wir etwas mit geschlossenen Augen tun. Es gibt auch die informelle Meditation, die die ganze Bandbreite des Lebens umfasst, tägliche Aktivitäten wie das Duschen, Zähneputzen, Kochen, Essen, Kaffeetrinken, Geschirrspülen …

Tee trinken

Wenn wir Tassen spülen, sollten wir nur Tassen spülen.
Spülen wir die Tassen und haben dabei lediglich den Tee im Sinn,
der auf uns wartet, dann sehen wir die Tassen nur
als eine lästige Pflicht an.
Die Tatsache, dass wir die Tassen spülen, ist wundervoll.
Wenn wir die Tassen nicht achtsam zu spülen vermögen,
werden wir auch den Tee nicht trinken können.
Während wir den Tee trinken, werden wir an andere Dinge
denken und uns der Wärme der Tasse in unseren Händen
und des Teegeschmacks in unserem Mund kaum bewusst sein.
Wir sind dann von der Zukunft abgelenkt und nicht in der Lage,
einen gegenwärtigen Augenblick, eine Minute unseres Lebens
zu leben und zu erleben.
Thich Nhat Hanh

Achtsam zu leben ermöglicht es uns…

wertzuschätzen

zu besänftigen

zuzuhören

zu verstehen

…und mit Weisheit zu handeln.

achtsam	neugierig
wachsam	interessiert
sanft	verstehend
freundlich	kühn
mild	annehmend
geistesgegenwärtig	unvoreingenommen
nicht urteilend	überrascht
wertschätzend	zuhörend
lächelnd	still
offen	fragend
bereitwillig	mutig
umsichtig	absichtsvoll
entschlossen	untersuchend

Hier sein

> „Sein" ist ein lebendiger Zustand, in dem wir ganz hier sind, ganz wach
> für das, was dieser Moment zu bieten hat.

„Sein" ist ein natürlicher Zustand. Dennoch erfahren wir diesen Zustand
offenbar selten. Unser Geist neigt dazu, sich abzuspalten und zu etwas
anderem überzuspringen oder sich auf etwas zu fixieren, das als proble-
matisch empfunden wird. Dadurch entgeht uns der Reichtum des Hier
und Jetzt!

Was geht vor sich, wenn wir etwas als neutral oder langweilig empfinden? Zu Langeweile kommt es schnell und wir treten heraus aus der
Beziehung zu dem, was ist. Denken Sie nur an den Schüler im Unterricht,
der leicht ins Tagträumen gerät, wenn ihn die Stunde nicht fesselt.

Geistige Abspaltung ist ein verschwommener Zustand, wir sind nicht
völlig gegenwärtig. Der Verlust des Interesses am Hier und Jetzt bewirkt,
dass wir unbewusst versuchen, in unserer Traumwelt mehr Intensität zu
erfahren. Es ist sehr wahrscheinlich, dass es zur Fixierung kommt. Bei einer
Fixierung versuchen wir hartnäckig, etwas Bestimmtes herbeizuführen,
an etwas festzuhalten oder etwas zu verändern. Dadurch entsteht eine
zwanghafte Beziehung zur Erfahrung. Wir werden beherrscht von der
Vorstellung, die Erfahrung müsse auf eine bestimmte Weise sein, denn
wir meinen, so besser für uns zu sorgen.

Fixierung und Abspaltung verstärken sich gegenseitig und bilden eine Quelle für Duhkha. Durch die Achtsamkeitspraxis werden wir solcher Momente der Fixierung und Abspaltung gewahr. Gewahr zu werden allein genügt schon, damit wir nicht mehr in ihre Trance mit hineingezogen werden.

Gewahr zu werden bedeutet, vom „Handeln" zum „Sein" umzuschalten. Das ist wesentlich im Umgang mit Stress oder bei Stimmungsverschlechterung. Handeln bedeutet, wir wollen einen Wandel herbeiführen, und Sein bedeutet, „hier sein und zufrieden sein".

Meditation: Fixierung und Abspaltung

Machen Sie in Ruhe einen Spaziergang.
Stimmen Sie sich auf das Jetzt ein, auf diese Erfahrung und diesen Augenblick.
Erfahren Sie die Lebendigkeit und die Fülle des Hierseins.
Seien Sie präsent für das, was Sie sehen, hören, fühlen und riechen.
Sie werden merken, dass Sie an bestimmten Punkten nicht ganz hier sind, dass Sie tagträumen, planen oder analysieren.
Wenn Sie dies bemerken, beobachten Sie es einfach. Kämpfen Sie nicht dagegen an, versuchen Sie nicht, es zu ändern. Sobald Gewahrsein da ist, geraten Sie nicht mehr in die Trance des Denkens.
Dieses Gewahrsein lässt Sie im Jetzt wach sein.
Stimmen Sie sich erneut ein auf das, was Sie sehen, hören, fühlen und riechen.

Emotionale Intelligenz

> Du kannst die Wellen nicht aufhalten,
> aber du kannst Surfen lernen.

Das Leben ist wie ein Ozean, manchmal windstill und ruhig, manchmal stürmisch. Das ist für uns alle die Realität. Manchmal sind wir, wie es scheint, versunken in automatischen Reaktionen und Verwirrung. Zorn oder Angst überwältigt uns und wir können nicht mehr weiter.

Achtsamkeit hilft uns, das Leben ganz zu leben, in seiner Fülle und seiner Leere. Wir lernen, Frieden zu finden in dem, was ist, und uns nicht in unserer Vorstellung, wie es unserer Meinung nach sein sollte, zu verlieren.

> Frieden ist nicht das Nichtvorhandensein von Sturm,
> Frieden ist, auch im Sturm Gelassenheit zu finden.

Wir können die Realität nicht manipulieren. Dennoch sind wir in der Lage, einen größeren Raum des Seins zu kultivieren und infolgedessen nicht mehr Opfer des Auf und Ab unseres Lebens zu sein. Wir können uns selbst mit Würde, Respekt und Weisheit durch die fortwährenden Herausforderungen unseres Lebens hindurchlotsen.

Letztendlich geht es um die Aufrichtigkeit unseres Hierseins mit Respekt und einem offenen Herzen. Es ist ein lebenslanges Engagement, nicht irgendwo hinzugelangen, sondern zu sein, wer wir jetzt sind, gegründet in dem, was wir in Ehren halten.

Willst du Recht haben,

oder

willst du glücklich sein?

Menschlichen Emotionen mit Respekt
und Weisheit begegnen: fünf Schritte

Ein Beispiel: Groll und Schuld

Ich sah Julia an einem schönen Sommertag. Sie war warm angezogen und wirkte nicht sehr glücklich. Ich fragte sie: „Ist dir nicht zu warm?" Gereizt erwiderte sie: „Ich hatte ein leichtes Sommerkleid angezogen, und mein Mann hat gesagt: ‚Damit willst du doch wohl nicht auf die Straße, oder?' Also habe ich dieses dicke Winterkleid angezogen, und jetzt ist mir zu warm. Wegen ihm muss ich das nun durchmachen!"

Manchmal halten wir aus einer Art von Rache heraus an unangenehmen Gefühlen fest. Denn würden wir uns besser fühlen, hieße dies zuzugeben, dass wir dem anderen verzeihen. Das Problem dabei ist, dass wir selbst das erste Opfer sind.

Jan fühlte sich nun schon seit Tagen schlecht. Ihm zufolge hatte seine Frau ihm einen schönen Nachmittag verdorben. Sie hatte sich noch nicht einmal entschuldigt. Das war schlimm, denn er hatte sich schon so lange darauf gefreut. Er meditierte. Sein Gefühl blieb jedoch mit voller Kraft bestehen. All seine urteilenden Gedanken behielten weiterhin die Oberhand. Als er in der Meditation tiefer blickte, wurde seine zugrunde liegende Überzeugung deutlich: „Um mich besser zu fühlen, muss ich ihr vergeben!"

Gedanken, die Groll und Schuld in sich tragen, üben sehr viel Druck aus und können uns völlig überwältigen. Es sind Ketten, die ein emotionales Gefängnis bilden. Wir wollen uns besser fühlen, doch unbewusst scheint alles blockiert zu sein. Unsere gesamte Wahrnehmung ist emotional gefärbt, und wir erfahren nur Trägheit.

Emotional intelligent handeln

Integrität stellt sich in solchen Momenten ein,
wenn wir tun, was wirklich wichtig ist.

Zu atmen und dem Gefühl meditative Aufmerksamkeit zuzuwenden ist wesentlich. Sie gewähren Raum und nehmen sich Zeit, mit Weisheit tiefer zu schauen. Dies ermöglicht es Ihnen, emotional intelligent zu handeln.

Mitunter fühlen wir uns von Gefühlen überwältigt und haben keinen Zugang zu unserer tieferen Weisheit. Wir sind emotional durcheinander und erfahren ausschließlich automatische Reaktionen und Verwirrung. Dieser Erfahrung Zeit und freundliche Aufmerksamkeit zu schenken, das ist auch hier die Devise. Die Situation erfordert unter Umständen sofortiges Handeln. Folgende Fragen ermöglichen es Ihnen, eine übergeordnete Perspektive einzunehmen:

1. Wie sähe ein weiser Mensch diese Situation?
2. Wie sähe eine Person, die ich bewundere, diese Situation?
3. Welchen Rat würde ich einem anderen in dieser Situation erteilen?

Verschiedene Perspektiven einzunehmen hilft uns, besser einzuschätzen, welches die heilsamste Sichtweise dieser speziellen Situation ist. Anschließend sind eine integre Absicht und entschlossenes Handeln erforderlich, um diesen anderen Weg zu gehen. Es ist ein Quantensprung!

Und warum ist es ein Quantensprung? Weil es fremd und ungewohnt anmutet, es anders und auf weniger vertraute Weise zu machen. Widerstand wird sich regen. Achtsamkeit unterstützt uns dabei, über dieses unmittelbare Gefühl hinauszugehen.

Fühlen Sie die Angst, betrachten Sie das umfassendere Bild und gehen Sie es an! Das ist der kürzeste Weg, um aus der Trägheit herauszugelangen. Das unsichere Gefühl, das häufig damit einhergeht, zeigt, dass Sie einen neuen Weg eingeschlagen haben.

Mein emotionales Gefängnis: die...

... 3 E und 2 A

1. Ich erkenne, dass ich nicht weiterkomme.
2. Ich erkenne, dass meine Sichtweise der Situation dazu beiträgt, dass ich nicht weiterkomme. Ich werde dieser Sichtweise nicht mehr nachgeben.
3. Ich atme ein und aus und ich fühle, was da ist. Ich lasse es zu und ich gebe ihm Raum. Ich nehme mir dafür Zeit – falls nötig, Tage oder Wochen.
4. Ich bin entschlossen, mich von den Ketten meiner emotionalen Trägheit zu lösen.

Ich höre aufmerksam auf die folgenden Fragen:
- Wie sähe ein weiser Mensch diese Situation?
- Wie sähe eine Person, die ich bewundere, diese Situation?
- Welchen Rat würde ich einem anderen in dieser Situation erteilen?

5. Diese umfassendere Perspektive zeigt mir, was jetzt wirklich ansteht und wichtig ist. Ich erkenne: Es ist Widerstand dagegen vorhanden, dass ich es wirklich in die Tat umsetze, aber ich werde es angehen.

- Ich werde Folgendes tun:
- Wo und wann:

Ein anderes Beispiel: Enttäuschung

> Empfinde ich jetzt Enttäuschung?

Erkennen...
Wir alle haben Wünsche und verlangen nach etwas. Wir hoffen, dass alles nach unseren Wünschen verläuft. Ist das nicht der Fall, kommt es zu Enttäuschung. Enttäuschung ist ein Gefühl, das wir nicht vermeiden können.
Möglicherweise sind wir enttäuscht, weil jemand sein Versprechen gebrochen hat, oder wir erwarteten von einem Freund, etwas für uns zu tun, aber er hat es nicht getan.
Können wir uns dem stellen? Wenn wir das Gefühl nicht vollständig erkennen, werden wir unbewusst darauf reagieren.

> Wie reagiere ich auf Enttäuschung?

Sich enthalten...
Betrachten Sie Ihre Erfahrung näher. Sehr häufig führt Enttäuschung zu Verurteilung und Grübeln. Wenn wir andere anklagen, setzen Ärger, Zorn und manchmal sogar Hass ein. Klagen wir uns selbst an, kommt es zu Gefühlen der Schuld und Minderwertigkeit oder zu depressiven Gefühlen. Diese Reaktionen erzeugen jedoch lediglich noch mehr unangenehme Gefühle.
Seien Sie wachsam gegenüber solchen Phantasien, die immer wieder aufkommen. Enthalten Sie sich solcher Reaktionen, geben Sie ihnen nicht nach. Lassen Sie so viel wie möglich los, ohne zu urteilen. Ohne zu urteilen präsent sein heißt schon, es loszulassen.

Kann ich für das Gefühl der Enttäuschung präsent sein?

Sich entspannen…

Enttäuschung verlangt danach, gesehen zu werden, verlangt nach Zeit und vorsichtiger Aufmerksamkeit. Spüren Sie die Enttäuschung und atmen Sie mit ihr. Benennen Sie Ihr Gefühl und geben Sie ihm Raum. Halten Sie es mit Mitgefühl.

Sich mit diesem Gefühl anzufreunden kann Ihnen dabei helfen, tieferes Mitgefühl für Ihre Mitmenschen zu entwickeln. Es unterstützt Sie dabei, andere, die dasselbe Gefühl haben, besser zu verstehen.

Kann ich es tiefer gehend betrachten?

Abwägen…

Enttäuschung lädt uns dazu ein, unsere Erwartungen und wie wir an ihnen festhalten anzuschauen. Wünsche und Erwartungen zu haben ist menschlich. Dennoch: Wenn ein „Müssen" damit einhergeht, hängt unser gesamtes Glück davon ab. Je mehr wir „müssen", desto unangenehmer der Weg.

Es ist wichtig, das umfassendere Bild zu sehen. Es gibt in der Tat keinen Weg zum Glück. Sie können auf folgende Fragen zurückgreifen: Bin ich stark auf das Ergebnis fixiert? Hängt mein Glück davon ab? Kann ich ein bisschen loslassen und die Reise genießen? Hören Sie auf ihre tiefe innere Stimme.

Vielleicht ist es nötig zu handeln?

Antworten…

Enttäuschung kann eine Aufforderung sein, zu erkennen, in welchem Ausmaß Sie heilsame Energie in etwas einfließen lassen, das Sie wollen. Vielleicht tun Sie nicht genug? Heilsames Handeln könnte erforderlich sein, wie zum Beispiel klar zu kommunizieren, was Sie wollen und was nicht.

Gehen Sie es an, aber seien Sie wachsam, dass das Ziel auch die Mittel rechtfertigt. Mit anderen Worten, hüten Sie sich vor unheilsamen Absichten, Worten, Taten und Bemühungen. Wenn Anhaften und Ablehnung damit verbunden sind, wird die Enttäuschung umso größer sein, wenn Ihre Wünsche nicht erfüllt werden.

Erkennen

Wachsamkeit

Wachheit

Aufmerksamkeit

Gegenwärtigkeit

Sich enthalten

Beobachten

Untersuchen

Nicht urteilen

Entschlossenheit

Entspannen

Geduld

Zuversicht

Freundlichkeit

Halten

Abwägen

Bereitschaft zuzuhören
Innere Stille
Aufrichtigkeit
Bescheidenheit

Antworten

Spontaneität
Offenheit
Flow
Milde

Ich mag vielleicht

nicht

vollkommen sein,

aber Teile von mir

sind

hervorragend.

A. Brillant

Positive Psychologie

> Ein Optimist mag ein Licht sehen, wo keines ist,
> aber warum muss es der Pessimist immer wieder ausblasen?
>
> Michel de Saint-Pierre

Unsere Realität wird weitgehend davon bestimmt, worauf wir uns konzentrieren. Positive Psychologie erkennt das Potenzial an, die Aufmerksamkeit bewusst auszurichten. Dies ist ein wichtiger Aspekt der Aufmerksamkeitssteuerung, wie sie in der Achtsamkeit geübt wird.

Wir können die Aufmerksamkeit konzentrieren auf...
die angenehmen Dinge des Lebens.
Dankbarkeit.
Das, was gut ist.
Das, worin wir gut sind.
Perspektiven, die sich auftun.
Wertschätzende Fragen.
Vorstellungen, die Kraft verleihen.

Eine heilsame Haltung entwickeln

> Wie ein Mensch in seinem Herzen denkt,
> so ist er.
>
> König Salomon

Schmerz, Leid, Kummer und Verlust sind nicht zu vermeiden. Die Beziehung, die wir zur Wirklichkeit haben, bestimmt, wie sehr wir von diesen Gefühlen erfasst werden. Ohne Gewahrsein herrschen oft Ansichten vor, die auf automatischen Reaktionen beruhen. Sie können uns durch Ihre Negativität überwältigen.

- Warum ich?
- Warum steht mir keiner bei?
- Warum empfinde ich so?
- Was stimmt mit mir nicht?
- Warum kann ich das nicht?

Ein solcher Fokus wird als unheilsam bezeichnet. Er erzeugt eine Negativspirale des Denkens und Fühlens. Achtsamkeit lehrt, wie wir eine solch negative Ausrichtung erkennen und loslassen. Dazu ist nichts weiter erforderlich als Gewahrsein.

Stresserfüllte Gedanken sind nicht automatisch als schlecht zu beurteilen. Wir lassen sie einfach so sein, wie sie sind, allerdings ohne ihnen weitere Nahrung zu geben. Wir öffnen uns für eine umfassendere Perspektive. Diese Einstellung ermöglicht, dass wir zu einem natürlichen inneren Frieden finden.

Ein heilsamer Fokus

> Das Glück im Leben hängt von den
> guten Gedanken ab, die man hat.
>
> Marc Aurel

Wir können uns auf Gedanken ausrichten und konzentrieren, die uns und unsere Beziehung zu anderen stützen. Die Schule des Zen in der Tradition von Thich Nhat Hanh widmet dem heilsamen Denken sehr viel Aufmerksamkeit.

Heilsames Denken ist Teil des achtfachen Pfades zur Freiheit. Wir ändern den Fokus der Aufmerksamkeit und sind dadurch nicht mehr so stark auf das fixiert, was schiefgeht oder was wir als ein Problem erleben. Ein einfaches Beispiel: Statt uns zu fragen, *warum* wir *nicht* in der Lage sind, etwas Bestimmtes zu tun, fragen wir uns, *wie* wir es tun könnten.

Diese Ausrichtung beeinflusst unmittelbar unsere Wahrnehmung. Sie führt zu einer Verschiebung weg vom negativen Schwarzseher-Denken hin zu wertschätzendem und lösungsorientiertem Denken. Sie eröffnet eine umfassendere Perspektive. Wir entdecken neue Möglichkeiten und tiefere Dimensionen.

- Was ist an mir in Ordnung?
- Was kann ich tun?
- Was kann ich jetzt wertschätzen?
- Was kann ich heute für mich selbst tun?
- Wie könnte ich das lösen?
- Was kann ich heute tun, um meinem Ziel näher zu kommen?

Ein Lächeln

Ein Lächeln kostet nichts und bewirkt viel. Es bereichert die, die es empfangen, ohne die ärmer zu machen, die es geben. Es dauert nur einen Augenblick, aber die Erinnerung währt manchmal ewig.

Anonym

Die Praxis der Freundlichkeit

Meine Religion ist die Güte.

14. Dalai Lama

Aldous Huxley war Philosoph, Forscher und Schriftsteller. Einen großen Teil seines Lebens widmete er dem Studium des menschlichen Bewusstseins, der Religion und spiritueller Disziplinen der ganzen Welt. Eine seiner letzten Botschaften lautet: „Nach Jahrzehnten des Studiums erfordert es Mut, es zuzugeben, aber ich würde zusammenfassend sagen, dass es insgesamt nur um eines geht: Güte, die Art und Weise, wie ich zu mir und zur Welt in Beziehung stehe."

Selbsterforschung: Unsere Einstellung als Wahlmöglichkeit

Bin ich in der Lage, freundlich zu bleiben,
... wenn andere meine Erwartungen nicht erfüllen?
... wenn andere meine Werte nicht respektieren?
... wenn andere nein sagen?

Selbsterforschung: Freundlich bleiben

Was könnte meine Motivation sein?
Was wäre dafür erforderlich?

Achtsamkeit
des
Herzens

Geist ist Herz
Herz ist Geist

Freundlichkeit als Einstellung

> Wir, die wir in den Konzentrationslagern gelebt haben,
> wissen, dass man einem Menschen alles nehmen kann,
> nur nicht: die letzte menschliche Freiheit,
> sich zu den gegebenen Verhältnissen so oder so einzustellen.
>
> Viktor Frankl

Die Praxis der Achtsamkeit ist ein Training der Einstellung. Es geht um die Qualität der Aufmerksamkeit, die wir in jedem Augenblick zu geben vermögen. Es ist eine Wahlmöglichkeit.

Es geht nicht darum, weniger zu denken, sich die ganze Zeit gut zu fühlen oder nie mehr Schmerz zu empfinden, sondern um unsere Einstellung, wenn wir mit Unangenehmem konfrontiert werden. Unangenehmes gehört zum Leben. Eine solche Einstellung können Sie kultivieren und sie kann Sie inspirieren angesichts von Herausforderungen im Leben, wie sie sich von Zeit zu Zeit einstellen.

Reflexion: Was verstoße ich aus meinem Herzen?

Herzensqualitäten entwickeln

Liebevolle Freundlichkeit

Liebevolle Freundlichkeit verweist auf bedingungslose liebende Präsenz. Die Absicht ist, alles in unserem inneren Raum willkommen zu heißen. Sie ist vergleichbar mit der Zuneigung, die eine Mutter ihrem Kind entgegenbringt.

Mitgefühl

Kommt Güte mit Schmerz und Leid in Berührung, stellt sich Mitgefühl ein. Es ist die Fähigkeit, die Erfahrung eines anderen zu verstehen oder zu kennen, als sei es die eigene. Wir können hinhören und tief verstehen. Dies lässt auch Vergebung zu. Es ist die Bewegung des Herzens als Antwort auf Leiden.

Empathische Freude

Wenn Güte mit der Freude anderer in Berührung kommt, kommt es zu empathischer Freude. Empathische Freude verweist auf die Fähigkeit, Freude darin zu finden, dass es einem anderen gut geht. Es ist eine großartige Fähigkeit, die wir entwickeln können.

Gelassenheit

Gelassenheit bezieht sich auf die Eigenschaft des alles umfassenden Raums und die Fähigkeit, mit allem so, wie es ist, gegenwärtig zu bleiben. Es ist vergleichbar mit einem weisen Menschen, der ein Bankett für alle ausrichtet, ganz gleich, ob Freund oder Feind, aus dem tieferen Verständnis heraus, dass ein Freund zu einem Feind werden kann und ein Feind zu einem Freund.

Freundlichkeit in der Meditation

Außer der Einsichtsmeditation gibt es noch eine weitere Meditationspraxis, die vom Buddha vor 2500 Jahren gelehrt wurde. Es ist die Herzensmeditation. Über die Wirkungen dieser Meditation sind mittlerweile einige Forschungen durchgeführt worden. Die Ergebnisse sind sehr viel versprechend.

Einige einfache Anleitungen

Sitzen oder liegen Sie in einer bequemen Haltung.
Atmen Sie ein und werden Sie Ihres Herzens gewahr.
Atmen Sie aus und lächeln Sie Ihrem Herzen zu.
Richten Sie Ihre Aufmerksamkeit weiterhin auf Ihren Atem
und Ihr Herz.
Verankern Sie die folgenden Absichten in Ihrem Herzen:

Möge ich glücklich sein.
Möge ich gesund sein.
Möge ich sicher sein.
Möge ich geschützt sein.

Atmen Sie bei jedem Satz ein und aus. In der zweiten Hälfte der Meditation können Sie Ihren Wunsch auf Personen ausdehnen, die jetzt wichtig für Sie sind. Bringen Sie sie in Ihr Gewahrsein.

Mögen wir glücklich sein.
Mögen wir gesund sein.
Mögen wir sicher sein.
Mögen wir geschützt sein.

Ikkyu, der Zen-Meister, war schon als Junge sehr klug. Sein Lehrer besaß eine wertvolle Teeschale, eine seltene Antiquität. Es geschah, dass Ikkyu diese Schale zerbrach, und er war sehr bestürzt darüber. Als er die Schritte seines Lehrers hörte, hielt er die Stücke der Schale hinter sich. Der Meister erschien, und Ikkyu fragte: „Warum müssen die Menschen sterben?"

„Nun, der Tod ist unvermeidlich und kommt zu jedem Wesen und jedem Ding," antwortete der Meister. „Wir sollten ihm mit Mitgefühl und ohne Furcht oder Zorn gegenübertreten. Aber warum fragst du, mein Sohn?" Ikkyu zeigte die zerbrochene Schale und sprach: „Nun ja, Meister, es sieht so aus, als wäre der Tod auch zu eurer Schale gekommen."

Handeln durch Nicht-Handeln

Lao-tse

Der Weg des Tao

Tao

Während wir durchs Leben gehen, sind wir mit allen möglichen Dingen beschäftigt. Wir müssen dieses und jenes tun. Alles ist geplant und dient einem Zweck. Bestimmte Dinge wollen wir verbessern, andere wollen wir vermeiden. Wir sind von unseren Idealen, Wünschen und von unserem Verlangen getrieben. Wir spornen uns in dieser einen Sache an und wollen uns davon überzeugen, während wir gleichzeitig nach etwas anderem Ausschau halten. Wir laufen, weil wir irgendwo ankommen und etwas erreichen wollen.

Während wir durchs Leben hasten, versäumen wir das Wesentliche. Anhaften und Ablehnung werden bald die treibenden Kräfte in unserem Dasein. Wir versuchen anzuhäufen, abzusichern und zu kontrollieren, nach dem Motto „ich oder die anderen".

• Gibt es wirklich etwas, das ich vermeiden muss?
• Gibt es wirklich etwas, nach dem ich streben muss?
• Kann ich mich entspannen und durchs Leben gehen, ohne mich auf das Zweckgerichtete zu konzentrieren?

Agiere

ohne Ziel,

ohne ein Ergebnis zu

erwarten.

Ein Kind werden

Sehen Sie einmal ein Kind an: Es spielt einfach. Es denkt nicht in Zu-sammenhängen wie: „Ich will das erreichen". Das Kind ist frei. Es bewegt sich im offenen Raum.

Als Erwachsene nehmen wir die Dinge zu ernst. Völlig vereinnahmt von dem Gedanken, etwas zu „müssen", verlieren wir unsere sanfte, offene Spontaneität. Sind wir in der Lage, ohne Ziel zu handeln, ent-steht Freiheit. Das Leben wird ein leichter Tanz in der Wirklichkeit des Augenblicks. Sie können sich entscheiden, kein Ziel anzustreben, kein Ziel zu haben – und wieder ist ein Ziel vorhanden, und wieder verlieren Sie Ihre Freiheit.

- Wann haben Sie das letzte Mal mit Kindern wie ein Kind gespielt?
- Wann haben Sie das letzte Mal eine verschneite Landschaft ange-schaut?

Es ist Ihr Leben!

Was wollen Sie damit anfangen?

Der Weg des Himmels

Des Himmels SINN streitet nicht
und ist doch gut im Siegen.
Er redet nicht
und findet doch gute Antwort.
Er winkt nicht,
und es kommt doch alles von selbst.
Er ist gelassen
und ist doch gut im Planen.

Lao-tse

Der Autor

David Dewulf, Doktor der Medizin, hat sich und sein Leben ganz der Mind/Body Medicine („Geist-Körper-Medizin") und der Achtsamkeit verschrieben. Lange Zeit lebte er im fernen Osten, wo er Kundalini Yoga, taoistische Meditation, Qigong und buddhistische Meditation gemäß der tibetischen und der Theravada-Tradition praktizierte. Seine Studien führten ihn in über zehn Länder, so auch in die Vereinigten Staaten zu Herbert Benson an das Mind/Body Medical Institute und zu John Kabat-Zinn ans Center for Mindfulness. Er hielt Kurse im Rahmen des Graduiertenprogramms „Clinical Training in Mind/Body Medicine" ab.

David Dewulf kooperiert mit der Universität von Gent (Belgien) in einem dreijährigen Forschungsprojekt im Auftrag der belgischen Regierung zur Prävention von depressiven Rückfällen; in diesem Projekt wird das MBCT-Programm eingesetzt. Außerdem arbeitet er mit der Universität von Leuven (Belgien) zusammen, um weitere Forschungen durchzuführen.

Dr. Dewulf gründete das „Institute for Attention and Mindfulness" („Institut für Aufmerksamkeit und Achtsamkeit"), wo Training, Ausbildung und wissenschaftliche Untersuchungen stattfinden. Vor kurzem gründete er *Mindfocus*, ein Übungsprogramm, das auf Probleme im Bereich der Arbeit ausgerichtet ist.

Dank

Während der langen Jahre, in denen ich auf der Suche nach einem tieferen Sinn um die Welt gereist bin, sind mir zahlreiche wertvolle Menschen begegnet, die mich tief berührt haben. Ihre Namen sind mir zwar nicht im Gedächtnis geblieben, doch ihre liebevolle Gegenwart und Weisheit bewahre ich bis zum heutigen Tag in meinem Herzen.

Ich möchte besonders Jack Kornfield, Christopher Titmuss, Christina Feldman und Thich Nhat Hanh meinen Dank aussprechen. Sie und andere haben mich auf ganz besondere Weise inspiriert. Mein Dank gilt auch Jon Kabat-Zinn, Zindel Segal, Marc Williams und John Taesdale. Dank der Entwicklung von MBSR und MBCT haben sie der Achtsamkeit in der westlichen Welt der Wissenschaft zum Durchbruch verholfen.

Mein Dank gilt allen, die mir dabei geholfen haben, dieses Buch zu realisieren: meiner liebevollen Frau Annabel, die mir den nötigen Raum gab, dieses Buch zu schreiben; meiner Schwiegermutter, die für die Illustrationen sorgte, und meinen Freunden, die mir bei diesem Unternehmen beistanden. Dank auch allen Teilnehmern meiner Kurse. Sie waren eine umfassende Quelle der Inspiration.

Zu guter Letzt möchte ich meinen Eltern danken, die mir die Freiheit ließen, schon von klein auf diesen Weg zu gehen. Und natürlich meinen Kindern, die mich jeden Tag daran erinnern, von ganzem Herzen im gegenwärtigen Moment zu leben.

Literaturempfehlungen

MINDFULNESS WORKBOOK BY DAVID DEWULF
ein Acht-Wochen-Programm, das Schritt für Schritt MBSR mit MBCT und Elemente der Mind/Body Medicine sowie der Kognitiven Psychologie verbindet.

MINDFULNESS FOR TEENAGERS AND STUDENTS
MINDFULNESS FOR KIDS, STORYS AND MEDITATIONS

IAM
Das Institute of Attention and Mindfulness (IAM; deutsch: Institut für Aufmerksamkeit und Achtsamkeit) vergrößert sich stetig und beschäftigt momentan zwölf Mitarbeiter. Wöchentliche Sitzungen, Intensivtrainingsprogramme, formelle Ausbildung, individuelles Coaching und Retreats werden am IAM organisiert.

Das normale Acht-Wochen-Programm besteht aus acht Lektionen von jeweils 2 Stunden und 45 Minuten Länge. Unterstützt werden die Sitzungen durch acht CDs, ein Arbeitsbuch und ein Studienforum.

Das Institut organisiert Meditationstage zu den Themen „sich selbst annehmen", „Herzensqualitäten" und „der achtfache Pfad der Freiheit" sowie spezielle Übungsprogramme für Jugendliche, Dienstleistende im Gesundheitswesen und Organisationen.

Weitere Informationen erhalten Sie auf unserer Website unter **www.mindfulness.be** oder unter der Telefonnummer +32 494 94 60 60.

Zu speziell auf Unternehmen und Organisationen zugeschnittenen Übungsprogrammen siehe **www.mindfocus.be**.

Weitere Literatur aus dem Arbor Verlag

Jon Kabat-Zinn

Zur Besinnung kommen

Die Weisheit der Sinne und der Sinn der Achtsamkeit in einer aus den Fugen geratenen Welt

Unsere Gesundheit und unser Wohlergehen stehen auf dem Spiel, wenn es uns nicht gelingt, in dieser aus den Fugen geratenen Welt wieder zur Besinnung zu kommen, als Individuen und als menschliche Gemeinschaft. Dies ist die zentrale These des bekannten Verhaltensmediziners und Meditationslehrers Prof. Dr. Jon Kabat-Zinn, dessen Programm der „Stressbewältigung durch die Praxis der Achtsamkeit" (MBSR) weltweit in immer mehr Universitätskliniken, Krankenhäusern, Gesundheitszentren, aber auch in wirtschaftlichen und politischen Institutionen erfolgreich praktiziert wird.

Wir haben weitgehend den Kontakt verloren zur wahren Wirklichkeit dessen, was wir in unserer Tiefe und in allen unseren Möglichkeiten sind; ebenso zu unserem Körper und zu den „Körperschaften" unserer gesellschaftlichen und politischen Institutionen. Diese Entfremdung von dem, was wirklich ist, macht uns und unsere Gesellschaft auf die Dauer krank. Das Tor, durch das wir erneuten Zugang zu unserem inneren Potential, zu unserem Körper, unseren Gefühlen, unseren Mitmenschen und unseren Organisationen gewinnen können, ist das unserer Sinne – und zu denen zählt der Autor aus buddhistischer Sicht auch den denkenden Geist.

Der Königsweg zu dieser Belebung der Weisheit der Sinne ist die Achtsamkeit. Ihre heilsame Kraft ist in der buddhistischen Meditationspraxis seit zweieinhalb Jahrtausenden erforscht, erprobt und angewendet worden. Dieses Buch zeigt, wie wir mit Hilfe dieser Praxis wieder zur Besinnung kommen und mit allen Sinnen zu einem gesunden und erfüllten Leben in der Gemeinschaft finden können.

ISBN 978-3-936855-17-3

Kabat-Zinn, Jon und Ulrike Kesper-Grossman

Die heilende Kraft der Achtsamkeit

Stärkung der Gesundheit mit Hilfe einer alten buddhistischen Praxis

Das Meditationsprogramm, das durch den Alltag begleitet.
Die auf den CDs praxisnah und leicht umsetzbar vorbereiteten Meditationen haben bereits vielen Menschen geholfen. Zehntausende von Patienten mit Herzbeschwerden, chronischen Schmerzen, Krebs oder anderen schweren, oft unheilbaren Krankheiten profitieren bereits von der heilenden Kraft der Achtsamkeit.
Die Praxis der Achtsamkeit ist ein wertvolles Hilfsmittel, uns zu regenerieren und unser inneres Gleichgewicht wiederzufinden.
Sie befähigt uns, jeden Augenblick unseres Lebens mit größerer Wachheit, Klarheit und Akzeptanz zu leben.
Das Büchlein mit Doppel-CD enthält mehrere der in der Stress Reduction Clinic entwickelten Achtsamkeitsmeditationen.
Die deutsche Bearbeitung der geführten Meditationen stammt von Ulrike Kesper-Grossman, die mehrere Jahre an der Stress Reduction Clinic mitarbeitete und heute in freier Praxis in Freiburg tätig ist.

„Die Schönheit der meditativen Arbeit liegt darin, dass wir auf die Praxis selbst vertrauen können, um uns aus dem Schlamassel zu führen. Sie hält uns auf dem Pfad, selbst in den dunkelsten Momenten; sie stellt sich selbst unseren fürchterlichsten Geisteszuständen und äußerlichen Bedingungen. Sie erinnert uns an unsere Möglichkeiten."

Jon Kabat-Zinn

Halbleinen-Buch mit Doppel-CD, ISBN 978-3-936855-99-9

Jon Kabat-Zinn

Bei sich selbst zuhause sein

Jon Kabat-Zinn wendet sich in den hier vorgelegten Meditationen der Weisheit unserer Sinne zu. Praxisnah und leicht anwendbar sind wir eingeladen, im Hier und Jetzt zu verweilen und dem Leben im Alltag Raum zu geben. Zudem lädt uns Jon Kabat-Zinn hier erstmals zu einer ausführlichen Metta-Meditation ein. Dieses Juwel der Achtsamkeitspraxis stellt die Herzensqualität der liebenden Güte in den Mittelpunkt und erlaubt uns, die Kraft des Herzens in uns selbst und im Kontakt mit anderen in einer tiefen Weise zu neuem Leben zu erwecken.
Gemeinsam mit der bereits erschienenen Doppel-CD „Achtsamkeit & Meditation im täglichen Leben" liegt nun erstmals das komplette Set der Meditationen vor, das Jon Kabat-Zinn in seinem aktuellen Standardwerk „Zur Besinnung kommen" vorstellt. Seit vielen Jahren wird diese Praxis erfolgreich an der Stress Reduction Clinic im Rahmen der Mindfulness Based Stress Reduction (MBSR) eingesetzt. Zehntausende von Patienten mit Herzbeschwerden, chronischen Schmerzen, Krebs oder anderen schweren, oft unheilbaren Krankheiten profitieren bereits von der heilenden Kraft der Achtsamkeit.
Der deutsche Text wird von Heike Born gesprochen.

Halbleinen-Buch mit Doppel-CD, ISBN 978-3-936855-59-3

Saki Santorelli

Zerbrochen und doch ganz

Die heilende Kraft der Achtsamkeit

Mit diesem Buch stellt Saki Santorelli die Essenz der an seiner Klinik entwickelten achtwöchigen Kurse zur Praxis der Achtsamkeit im Gesundheitswesen vor.

Saki Santorelli zeigt auf, wie es auch bei schweren Krankheiten möglich ist, mit dem Teil in sich in Berührung zu kommen, der unverletzbar, heil und ganz ist, und wie es Menschen so gelingen kann, ihrem Leben eine vollkommen neue Dimension zu geben.

Anhand zahlreicher Beispiele, Übungen und geleiteter Meditationen bietet er Einsichten und effektive Methoden an, um Achtsamkeit im täglichen Leben zu fördern. Saki Santorelli erinnert uns an eine Art von innerer Heilung, die in der westlichen Medizin beinahe vergessen ist. In Prosa und Poesie sowie in ergreifenden Fallbeispielen ruft Saki Santorelli für uns die Gegenseitigkeit der heilenden Beziehung wach. „Zerbrochen und doch ganz" ist ein klarer Spiegel, in dem wir jene Freiheit finden können, die im Herzen jeder authentischen Heilung zu finden ist. Ein wunderbares Buch über die heilende Kraft der Achtsamkeit, das in keiner Gesundheitsbibliothek fehlen sollte.

Mit einem Vorwort von Jon Kabat-Zinn

„Einfach ein sehr schönes Buch! Ein vollständiger Körper-Geist-Herzkontakt zwischen dem, was innen heilt, und dem, was noch weiter innen jene Heilung fördert.
Ein äußerst notwendiges Buch für jeden Medizinstudenten und jede Bibliothek mit Werken über das Heilen."

Stephen Levine

ISBN 978-3-936855-96-8

Frank Jude Boccio

Achtsamkeits-Yoga

Das Praxisbuch zur Yogapraxis im MBSR-Kontext.

Ein Yogabuch, dem die Integration von Yoga und Meditation auf einzigartig neue Art gelingt – in einfach zu folgende Sequenzen, mit über 100 begleitenden Fotos, die die einzigartige Verbindung von Yoga und Meditation illustrieren.
Achtsamkeits-Yoga betont dabei die spirituelle Seite der Yogapraxis, eine Dimension, die zu oft übersehen wird. Yoga und Meditation werden hier zu einer einzigen Praxis – die den Körper belebt, den Geist befreit und Mitgefühl, Gleichmut und Freude weckt. Ein Buch für Anfänger wie Fortgeschrittene, dass geeignet ist, Sie in Ihrer täglichen Yogapraxis zu begleiten.

Mit einem Vorwort von Georg Feuerstein

384 Seiten, ISBN 978-3-924195-94-6

Gerne informieren wir Sie über unsere weiteren
Veröffentlichungen. Schreiben Sie uns oder besuchen
Sie uns im Internet unter:

www.arbor-verlag.de

Hier finden Sie umfangreiche Leseproben,
aktuelle Informationen zu unseren Büchern und
Veranstaltungen, Links und unseren Buchshop.

Arbor Verlag GmbH • D-79348 Freiamt
Tel. 0761. 401 409 30 • info@arbor-verlag.de